ヒギンズさんが撮った
小田急電鉄、箱根登山鉄道 相模鉄道

コダクロームで撮った1950〜70年代の沿線風景

写真：J.Wally Higgins　　所蔵：NPO法人名古屋レール・アーカイブス

解説：安藤 功

千歳船橋駅下りホーム端から特急「あしがら」新宿行きを見る。◎経堂〜千歳船橋　1964（昭和39）年11月28日

開業当時以来の多摩川橋梁を渡るNSE。
◎和泉多摩川 - 登戸　1964（昭和39）年5月17日

昭和30〜40年代の小田急電鉄

昭和30年代の小田急電鉄は、戦災で車両の大きな被害を受けなかったこともあって、開業当時の昭和初期の車から、戦中戦後に入ったABF車。戦後の高性能車にあたるABFM車、そして軽量高速化を図ったロマンスカーSE車、前面展望席を設けたNSE車、次世代の通勤電車HE車、NHE車と新型車が続々登場し、ロマンスカーの速度向上も積極的だった。昭和

40年代に入ると沿線開発が予想を超えて進行し、車両の大型化や長編成化に力が注がれ、それに対応する主要駅の改築や高架化、多摩ニュータウンへの足となる多摩線の建設や、営団千代田線との乗入れと、大きなプロジェクトが続く。しかし輸送力の伸びに地上設備が追い付かず、電車のスピードは遅くなってしまった。

ヒギンズさんが撮った小田急電鉄

ヒギンズさんが小田急線を撮りに行ったのは昭和30年代が多く、小田原急行電鉄時代の車両から当時の新車NSEやNHEを収めている。その後は世田谷線

や相鉄線とあわせて、また多摩線開業後に撮りに行かれ、高度成長期の小田急電鉄を記録している。

小田急電鉄・箱根登山鉄道・相模鉄道の沿線案内図

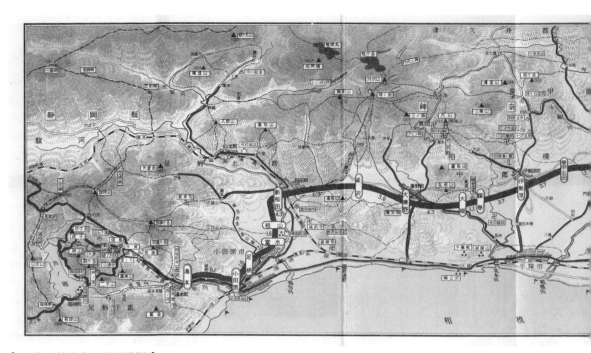

【小田急沿線案内（昭和戦後期）】
新宿駅を起点とし、片瀬江ノ島駅（江ノ島線）と小田原駅（小田原線）を終着駅とする小田急の沿線案内である。小田原駅から先、特急ロマンスカーが乗り入れていた（箱根）湯本駅までが赤い太線となっており、芦ノ湖をはじめとする箱根の観光地も描かれている。鉄道の沿線図（路線図）として珍しいのは、駅間の距離がキロ数で記されていることである。当然のことながら、新宿駅に近い23区部分は駅間が短く、南西側の路線ではかなり長くなっている。

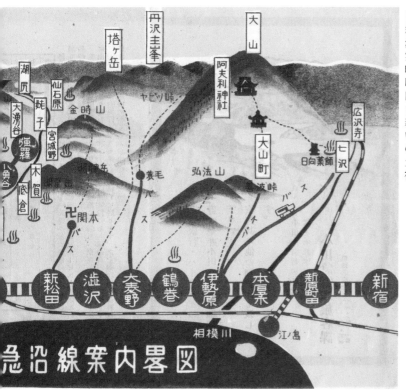

【小田急沿線温泉案内（昭和戦後期）】
箱根、七沢、鶴巻温泉などを沿線にもつ
沿線案内略図が付いた、小田急の温泉
案内のパンフレットである。沿線案内
略図には、新宿～小田原間にある新原
町田（現・町田）、本厚木、伊勢原、新松
田といった主要駅が記載されている。
また、ロマンスカーの系譜につながる、
新宿～小田原間ノンストップで走って
いた、急行券（100円）が必要な「特急」
の案内も見える。この列車は定員制で、
土曜日は12時50分、日曜日は8時に新
宿駅を発車していた。

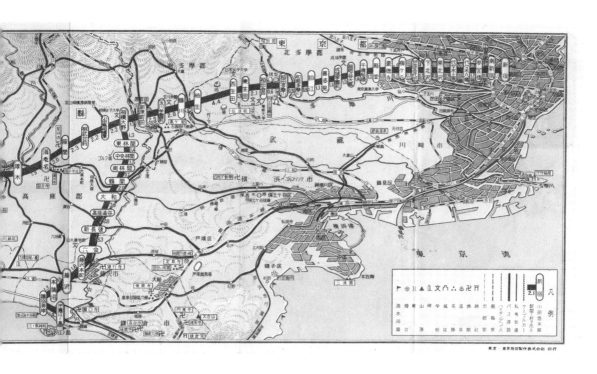

【箱根登山鉄道沿線案内図（昭和戦後期）】

小田急小田原線と接続する小田原駅から強羅駅まで延びる鉄道線、鋼索線を合わせた箱根登山鉄道の沿線案内図である。鉄道線（登山電車）は小田原〜箱根湯本〜強羅間、鋼索線（ケーブルカー）は強羅〜早雲山間を結んでいる。メインとなっている部分は、早川に沿って広がる箱根の山岳地帯で、奥には芦ノ湖や富士山も描かれている。ケーブルカーは公園上駅と中強羅駅の間でターンアウトになっており、この部分で上下線の車両がすれ違っていたことがわかる。

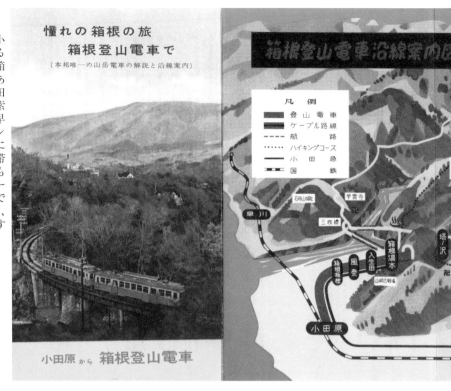

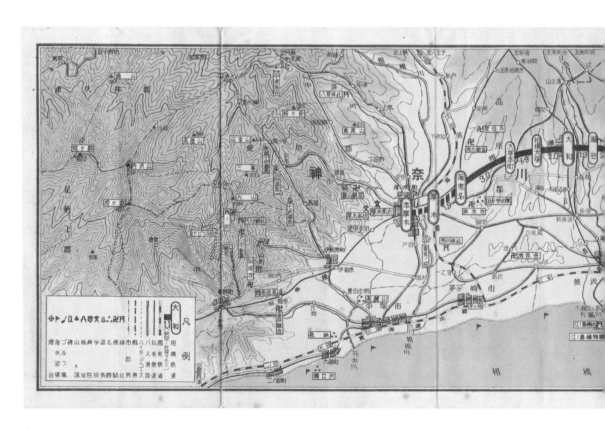

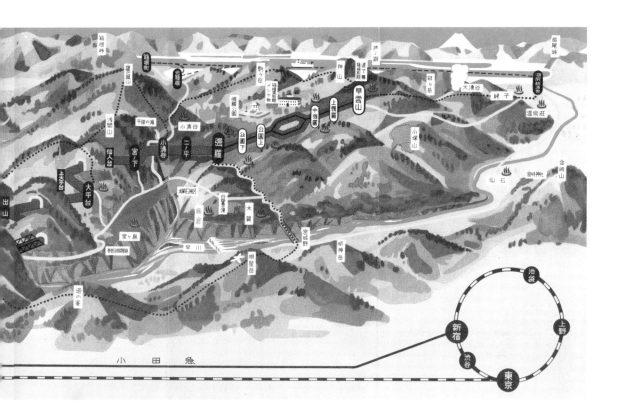

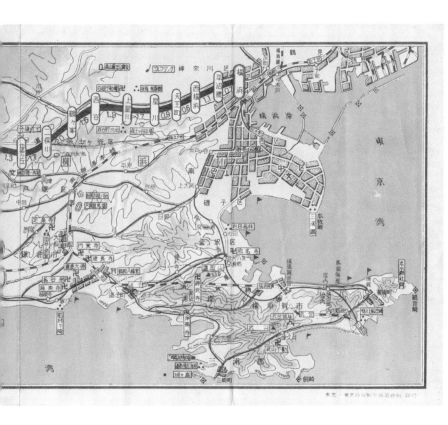

【相模鉄道沿線案内（昭和戦後期）】

横浜駅を起点とする相模鉄道の沿線案内で、海老名駅を旅客用の終着駅としながら、貨物線は厚木、本厚木駅まで延びている。厚木駅では国鉄相模線、本厚木駅では小田急小田原線と連絡している。内陸部を走る相模鉄道だが、神奈川県内の鉄道らしく相模湾に面した海岸部分とともに三浦半島、横須賀市なども描かれている。国鉄線では、桜木町駅以南の根岸線は開通しておらず、西谷駅付近で交差することになる東海道新幹線もまだ見えない。

昭和初期の沿線地図

帝國陸軍陸地測量部発行「1/25,000地形図」

1930(昭和5)年

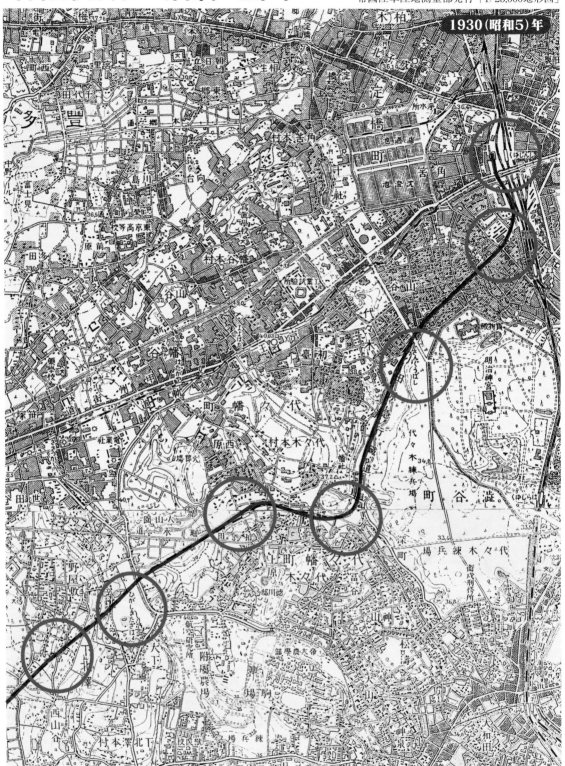

小田急小田原線、京王電気軌道（現・京王本線）の始発駅となっている新宿駅があり、小田急線には現在の南新宿、参宮橋、代々木八幡、代々木上原、東北沢駅などが置かれている。このうち、南新宿駅は1927（昭和2）年の開業時には「千駄ヶ谷新田」と名乗っており、「小田急本社前」を経て、1942（昭和17）年に南新宿駅となった。この頃、地図の上は大久保町、淀橋町（現・新宿区）であり、下は代々幡町（現・渋谷区）となっていた。

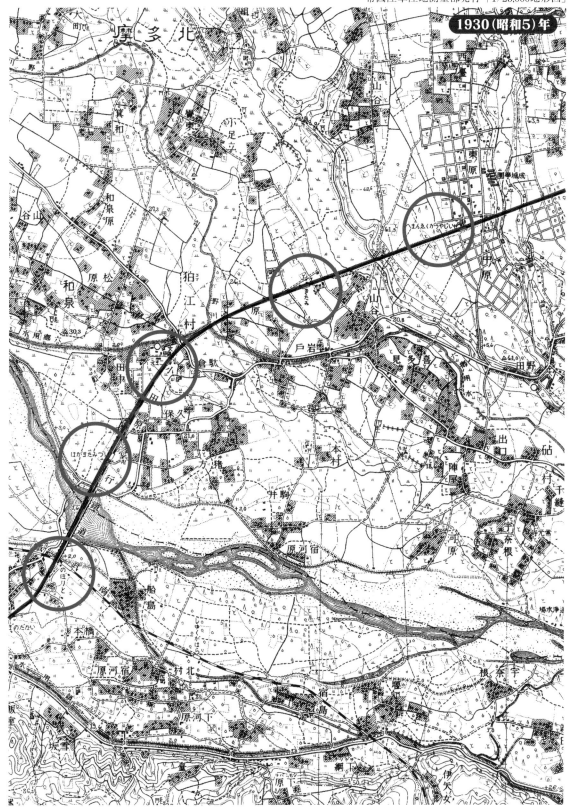

小田原・片瀬江ノ島方面に向かう小田急線には成城学園前、喜多見、狛江、和泉多摩川、登戸駅が置かれている。一方、登戸駅で連絡する南武鉄道（現・JR南武線）には宿河原駅が存在している。この地図に見える狛江村（現・狛江市）は1889（明治22）年に駒井村、和泉村、岩戸村などが合併して誕生しており、狛江町を経たのち、1970（昭和45）年に市制を施行して、狛江市となった。地図の南側を流れているのは多摩川で、対岸は神奈川県である。

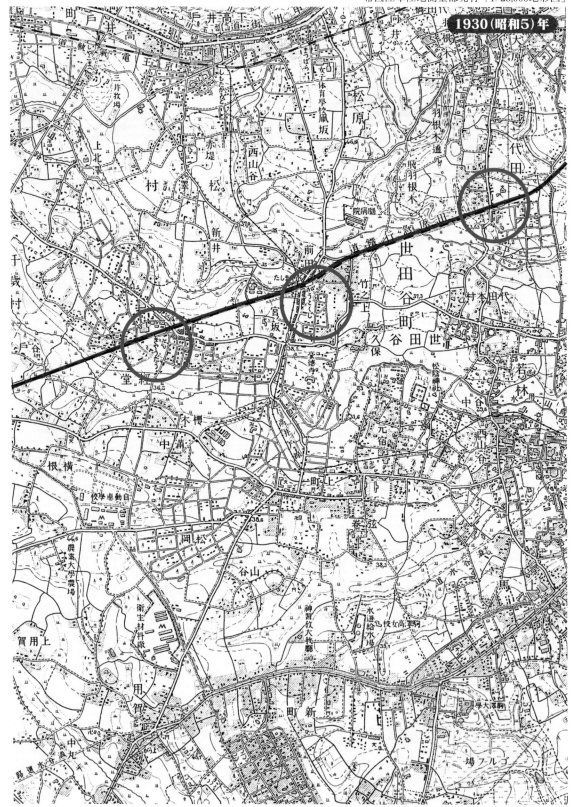

1930(昭和5)年

北側に京王電気軌道（現・京王本線）、南側に小田急線が東西に走り、その間を玉川電気鉄道（玉電、現・東急）の下高井戸線（現・世田谷線）が結んでいる。小田急の連絡駅は豪徳寺駅であるが、玉電は山下駅である。豪徳寺駅の西隣りは経堂駅で、東隣りは梅が丘駅である。この地図に見える世田ヶ谷町は、1889（明治22）年に下北沢村、代田村、経堂在家村などが合併して誕生したもので、世田ヶ谷町を経て、1932（昭和7）年に東京市（現・東京都）の世田谷区となっている。

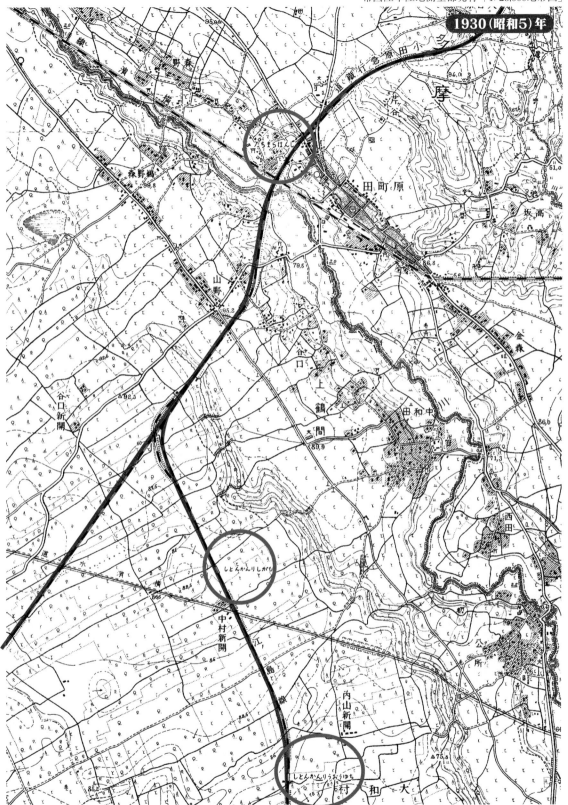

小田急線と国鉄の横浜線が交わる現在の町田駅付近の地図である。この頃は国鉄に原町田駅、小田急に新原町田駅が置かれていたが、両駅の間はかなり離れていた。その後、小田急が一足早く、1976(昭和51)年に「町田」に駅名を改称し、国鉄も1980(昭和55)年に小田急側に駅を移転し、同じ駅名を採用した。歴史的には、このあたりに原町田村、本町田村などがあり、これらの村が合併して、町田村(現・町田市)が誕生した経緯がある。

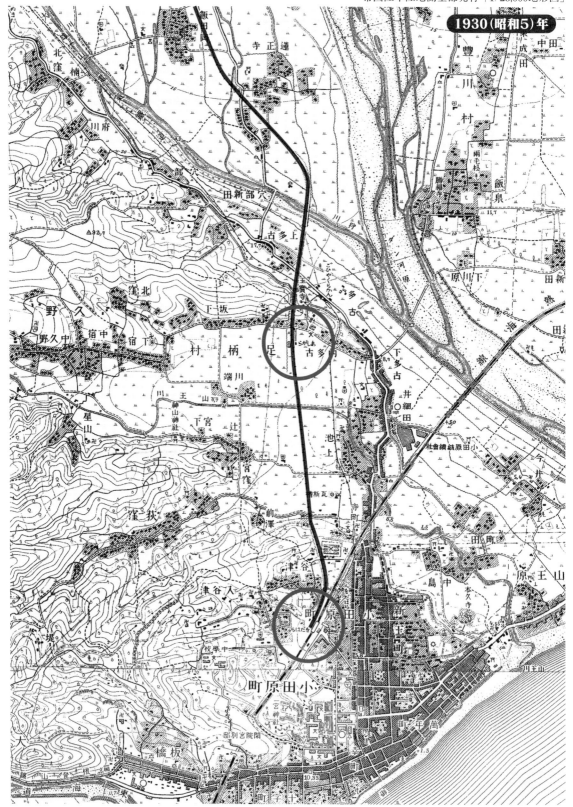

1930（昭和5）年

国鉄の熱海線（現・東海道本線）と小田急線、大雄山鉄道（現・伊豆箱根鉄道大雄山）線が連絡している小田原駅付近の地図で、箱根登山鉄道の線路は描かれていない。小田急線には足柄駅が見えるが、その先の蛍田駅は戦後の1952（昭和27）年の開業である。この頃は小田原町であり、1940（昭和15）年に地図に見える足柄町、早川村などと合併して、小田原市が成立している。また、上に見える豊川村も1954（昭和29）年に小田原市に編入された。

12

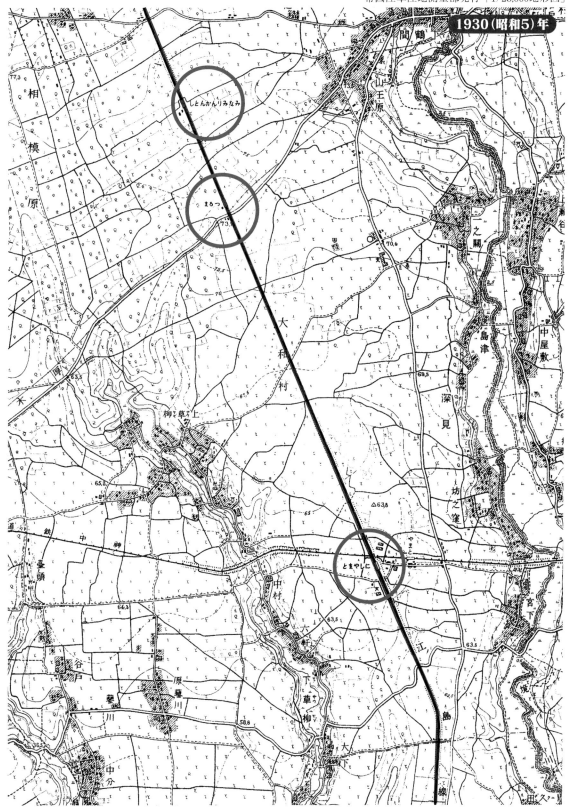

大和村（現・大和市）付近を走る小田急江ノ島線の線路は真っすぐに南東に延び、南林間都市（現・南林間）、鶴間、西大和（現・大和）という3駅が置かれている。大和村はもともと鶴間村で、1891（明治24）年に改称した後、大和町を経て、1959（昭和34）年に市制を施行した。現在、相模鉄道との連絡駅となっている大和駅は1926（大正15）年に神中鉄道の駅として開業し、3年後（1929）に開業した小田急の西大和駅が1944（昭和19）年に大和駅に改称した。

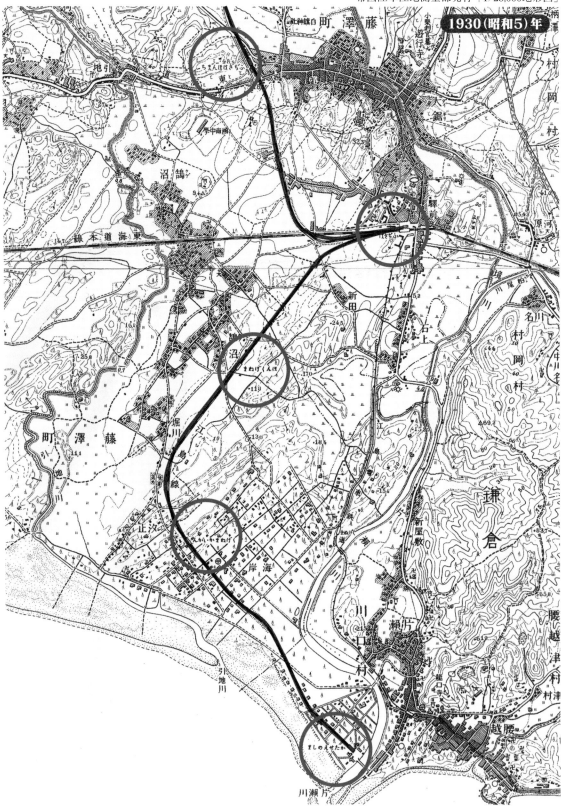

1930（昭和5）年

小田急江ノ島線の藤沢〜片瀬江ノ島駅間が見える地図である。小田急江ノ島線は1929（昭和4）年に大野信号所（現・相模大野駅）〜片瀬江ノ島間が開業している。小田急は北側では東海道本線、江ノ電の藤沢駅と連絡し、南側では江ノ電の江ノ島駅と連絡している。この地図では途中駅として、本鵠沼、鵠沼海岸駅が見える。現在は藤沢市だが、この当時は藤沢町のほか、川口村（後の片瀬町）、腰越津村（後の腰越町）などが存在していた。

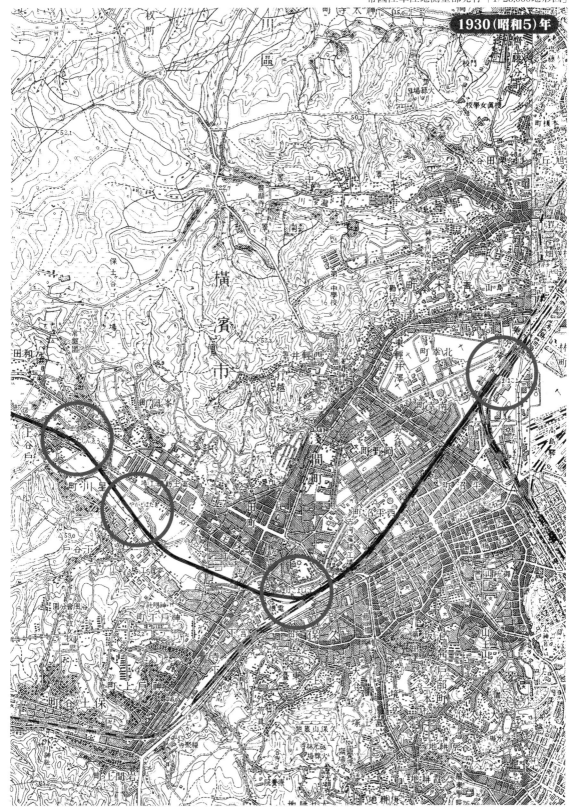

神中鉄道（現・相模鉄道）の起終点となっていた横浜駅付近の地図である。東海道本線には横浜駅とともに、保土ヶ谷駅が置かれている。一方、神中鉄道は1929（昭和4）年に北程ヶ谷（現・星川）駅から西横浜駅まで延伸して、東側の起終点駅とした。その後、1931（昭和6）年に平沼橋駅まで至っている。念願の横浜駅まで延伸するのは1933（昭和8）年である。西側には一時、起終点駅だった北程ヶ谷駅、公園下駅（後に廃止）が見える。

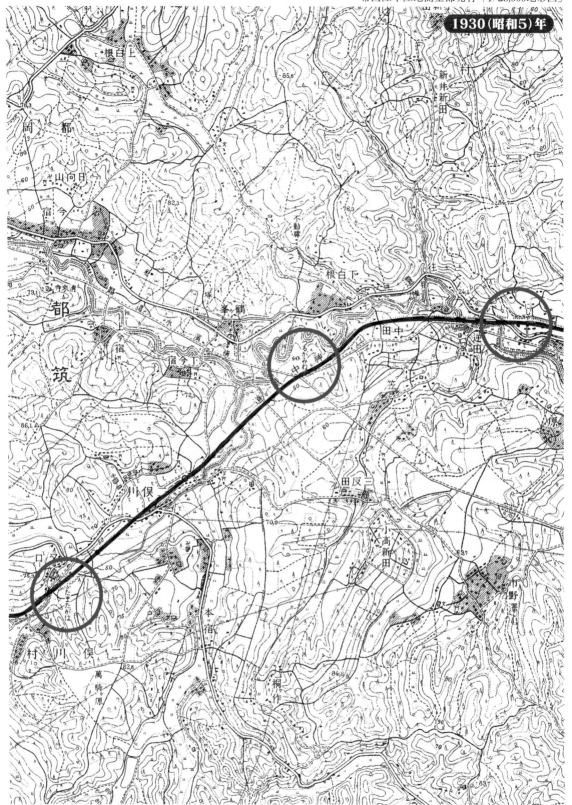

神中鉄道（現・相模鉄道）には、西谷、鶴ヶ峰、二俣川駅が置かれている。西谷、二俣川駅は神中鉄道が開通した1926（大正15）年の開業であり、当時は二俣川駅が起終点駅だった。また、鶴ヶ峰駅は1930（昭和5）年に誕生している。この地図に見える二俣川村は1889（明治22）年に旧二俣川村、今井村、三反田村などが合併して成立している。1939（昭和14）年に横浜市に編入されて、保土ヶ谷区の一部となった。

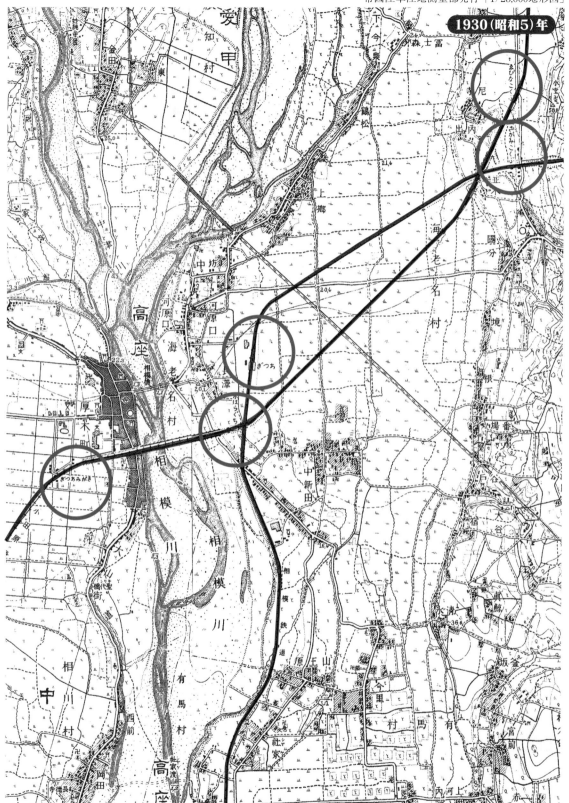

小田急と相模鉄道（現・JR相模線）、神中鉄道（現・相模鉄道）が通っている現在の海老名市、厚木市付近の地図である。
この当時は相模川を挟んで、東側が海老名村、西側が厚木町だった。海老名村には、小田急の海老名国分、河原口駅が
置かれている。一方、神中鉄道には相模国分、厚木駅が存在しており、駅名はその後に変化して海老名駅が誕生している。
また、相模川を渡った厚木村には、小田急の相模厚木駅が存在するが、これは現在の本厚木駅である。

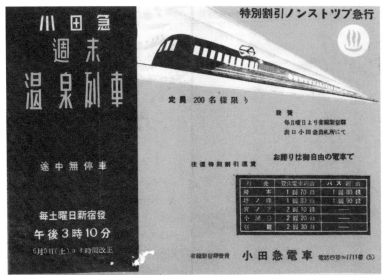

小田急
週末
温泉列車

途中無停車

毎土曜日新宿發
午後3時10分

5月5日(土)ヨリ時間改正

定員 200名様限り

發賣
毎月曜日より省線新宿驛
表口 小田急出札所にて

お歸りは御自由の電車で

往復特別割引運賃

行 先	登山電車經由	バス經由
湯 本	1圓70錢	1圓80錢
塔ノ澤	1圓80錢	1圓90錢
宮ノ下	2圓10錢	―
小涌谷	2圓20錢	―
強 羅	2圓30錢	―

省線新宿驛發賣　　小田急電車　電話四谷⑭7711番 (5)

【小田急週末温泉列車パンフレット(昭和戦前期)】

戦前に運行されていた小田原・箱根方面に向かう、小田急の週末温泉列車パンフレット。週末温泉列車は、土曜日の15時10分に新宿駅を発車し、ノンストップの90分で小田原駅との間を結んでいた。1935(昭和10)年から運行が始まったこの週末温泉急行は、利用者らから「ロマンスカー」と呼ばれ、後の特急ロマンスカーの前身とされている。小田原から先、湯本や強羅に行くためには登山電車か、バスを利用するため、その料金も記されている。

【特急ロマンスカー(SE車デハ3000型)(1959年頃)】

住友信託銀行(現・三井住友信託銀行)が発行した顧客宛の絵葉書(ダイレクトメール)で、小田急の特急ロマンスカー(SE車デハ3000型)が描かれている。このSE車デハ3000型は1957(昭和32)年にデビューした車両であり、低重心・超軽量の流線形デザインで大いに注目された。この当時は新宿～小田原間は75分を要していたが、徐々にスピードアップされて、1959(昭和34)年には67分、1961(昭和36)年には64分まで縮まった。

最新式電車の1　小田急　SE車デハ3000型
最大速力　125km　八両連結
新宿一箱根湯本間に使用

住友信託銀行

Menu 日東紅茶	
日東紅茶ミルクティー……50	ジュース(缶入り)……50
〃　レモンティー……50	コカコーラ(瓶入り)……50
〃　ウイスキィーティー……80	ニッカウヰスキー2級(180cc)……120
ケーキ……50	〃　1級(〃)……210
ブリオシ……50	〃　特級(〃)……350
クロアッサン……100	タンサン……35
日東ハムサンド(紅茶付)……150	おつまみ……30・50
日東ミックスサンド……150	チョコレート……50・100
カツサンド……150	洋食寿司……130
日東アイスクリーム……50	御弁当(ブレンティー付)……150
日東シャーベット……50	たばこ(各種)……定価
コーヒー……50	フイルム(〃)……〃

小田急ロマンスカーの御案内
日東紅茶
小田急

【小田急ロマンスカーの御案内(日東紅茶・小田急)(1963年)】

1963(昭和38)年4月に発行された、小田急ロマンスカーのパンフレット。この1963年には新型ロマンスカーの3100形がデビューしている。この車両が疾走する姿がデザインされている横には、車内で行われていた日東紅茶による飲食物の販売サービスのメニューが載せられている。また、裏面には小田急案内所の電話番号、特急ロマンスカーの時刻表が掲載されている。横長ではあるが、三つ折りにすれば、コンパクトなサイズとなった。

第1章

小田急電鉄

ヒギンズさんの写真を用いて、小田急線の沿線風景や電車を紹介

小田急電鉄沿線風景

ロマンスカー

小田急電車アラカルト

小田急電鉄 小田原線

小田原急行鉄道は鬼怒川水力電気を興した利光鶴松が東京市内の地下鉄「東京高速鉄道」の延長線として企画。当初の起点は平河町が計画されたが、東京市や鉄道省の意見もあり、新宿駅西側の鉄道省払い下げ用地が起点となった。2面4線の頭端式のターミナルが作られたが、戦後の急速な輸送量の増加にホームの長さも幅も足りなくなり、地上150m3線、地下110mホーム2線の駅に改築されることになり1960（昭和35）年に着工した。地上線の仮受けを行い、地下ホームの建設工事が進む新宿駅。電車は3000形SE車「みょうじん」、当時の特急は1往復ずつ違う列車名を持っていた。
◎新宿　1962（昭和37）年1月21日

小田原線は1927（昭和2）年4月1日に小田原急行電鉄が新宿〜小田原間82.5kmを長距離高速鉄道として一気に開業。開業前の突貫工事や多くの新規採用者での運転、途中で全線複線化したことによる閉塞扱いの戸惑いで、開業日はトラブル続きだった。しかし、このことが社内の一致団結を生み、その後の小田急の社風の礎になり、その後の昭和恐慌の時代を耐え抜いた。

　1941（昭和16）年、親会社の鬼怒川水力電気が発送電部門を国策会社の日本発送電に譲渡するにあたり同社に合併、小田急電鉄小田原線となる。1942（昭和17）年、東京横浜電鉄・京浜電気鉄道・小田急電鉄との合併で東京急行電鉄新宿営業局小田原線となるが、戦後社内より分離独立の動きが強まり、1948（昭和23）年6月1日新生小田急電鉄が発足した。

1964（昭和39）年に完成する新宿駅改良工事は、地上4線だったホームを、地上3線、地下2線の立体構造にしてかつホーム長も150m（中型車8両編成対応）に延長するもの。南新宿を出るとカーブポイントで本線から分かれ、内側2線が地下ホームへ至る。地上ホームが特急・急行・準急、地下ホームが各停だが、駅設備の工事の過程で、1962（昭和37）年6月12日の地下ホーム2線使用開始から、1963（昭和38）年7月7日の地上ホームの延伸終了までは、各停が地上ホーム、

優等列車が地下ホームと逆転していた。4年の歳月と当時10億円の巨費をかけた大工事であったが、その後の乗客の伸びに対応できず、10年足らずで再度大型車10両編成に対応する工事が行われるのである。地下ホームから2200形6両の急行箱根湯本・片瀬江ノ島行きが出発。◎南新宿　1962（昭和37）年6月17日

参宮橋駅に入るクハ1450形クハ1463を先頭にする片瀬江ノ島行き3両編成。後の橋が明治神宮西参道の参宮橋で駅名の由来。もともとは甲州街道から代々木練兵場に向かう道で河骨川の支流に架かる橋。1920（大正9）年に明治神宮の鎮座祭が行われ道は西参道となる。小田原急行鉄道はこの支流沿いに新宿へのルートを求めたため橋は架け替えられた。明治神宮の最寄り駅とあって、改築前の駅舎は神社様式だった。◎参宮橋　1956（昭和31）年7月28日

代々木八幡〜代々木上原間を行く3100形NSE「あしのこ」新宿行き。カーブの先が代々木八幡駅で、山手通りの陸橋が見える。背後の森は代々木公園。河骨川から宇田川沿いの低い土地に線路敷を求めたため、代々木八幡駅構内で大きくカーブする線形となった。現在はこの付近で東京メトロ千代田線が地上に出てくるので、風景は一変している。
◎代々木八幡〜代々木上原　1963（昭和38）年4月20日

小田原急行鉄道は稲田登戸駅（現・向ヶ丘遊園駅）までの区間をフリークエントサービス区間としており、緩急接続は直行の停車駅の経堂駅として、東北沢駅は1927（昭和2）年の開業時より中央2線が通過線でホームがない構造だった。通過線に渡り線が見えるが、駅の新宿方に貨物扱い所があり、相模川・酒匂川で採取された砂利が運ばれ、ここで生コンクリートにされて都心の各地に運ばれた。電車は経堂行き各停がデハ2220形デハ2229、追い抜く通勤急行がクハ2450形クハ2463、新宿行き各停がデハ1800形デハ1807。
◎東北沢
1970（昭和45）年4月24日

小田急初の軽量カルダン車2200形の急行箱根湯本行きが下北沢駅へ進入。小田原急行鉄道の中間駅は相対式ホームで計画されたが、下北沢駅は利光鶴丸が興した傍系の帝都電鉄線（今は井の頭線）の乗り換え駅であり、乗り換えの便を図るため両線とも島式ホームとされ、ホーム端の連絡階段で結ばれている。◎下北沢　1959（昭和34）年6月28日

先の特別準急「朝霧」と同じ位置から
世田谷代田側を向いている。ED1041の
牽く貨物列車は、相模川や酒匂川で採
取した砂利を東北沢のプラントへ運ぶ
砂利輸送列車。
◎下北沢〜世田谷代田
1959（昭和34）年6月13日

奥に下北沢駅が見えるが、駅を出て代田の谷底になった位置。特別準急「朝霧」が新宿へ向かう。現在この区間は複々線化に伴う線路地下化で、電車の姿は見えない。
◎下北沢〜世田谷代田
1959（昭和34）年12月13日

現在北沢川の緑道がある付近から梅ヶ
丘駅方向を望む。奥に梅ヶ丘駅の跨線
橋が見えている。
走ってくるのは3100形NSE「さがみ」
新宿行き。現在は複々線高架となり景
色は一変している。
◎世田谷代田〜梅ヶ丘
1965（昭和40）年2月14日

荷物電車が梅ヶ丘駅を通過する。当時、
新宿（経堂）〜小田原間に2往復、新宿
〜片瀬江ノ島間に1往復（相模大野ま
では併結）の郵便・荷物電車が走って
いた。梅ヶ丘駅は計画されていた東京
山手急行電鉄との交差駅になる計画で、
島式ホームでつくられ1934（昭和9）年
に開業した。しかし東京山手急行電鉄
の計画は頓挫し、島式ホームも1963（昭
和38）年に相対式ホームに改められた。
梅ヶ丘駅も複々線高架駅になり当時を
偲ぶものはないが、背後の梅ヶ丘セン
トラルマンションは現存する。
◎梅ヶ丘　1965（昭和40）年2月14日

豪徳寺駅下りホームから新宿行きを見る。梅ヶ丘駅から北沢川に沿って上ってくるが、豪徳寺駅構内で先に開通していた玉川電気鉄道下高井戸線（現・東急電鉄世田谷線）を乗り越すために築堤上に駅があった。電車はデハ1700形デハ1706。正面2枚窓の特急車として製造されたが、SE車の登場で一般車化改造される。3扉化改造時に貫通扉がつけられ、中間サハは車体長を合わせるため切り詰め、4両編成にするためにサハを新造増結している。
◎豪徳寺　1964（昭和39）年11月29日

豪徳寺駅の小田原方で、世田谷線を乗り越すために築堤になっているのが分かる。古レール組み立ての部分はホームの延長区間。駅舎は世田谷線山下駅と連絡するため、画面右手の地平にあった。複々線化工事で築堤は高架橋になり、ホームは電車2両目付近まで延長されている。下りホームの先に富士山を望む。築堤を下った先が経堂駅で場内信号機が見えている。電車はデハ1700形デハ1703。戦後本格的な特急車として製造されたが、一般車改造され3扉のロングシート車となったもの。
◎豪徳寺　1963（昭和38）年12月15日

東急世田谷線との交差部で、電車が停まっている位置が山下駅。下高井戸線時代には門前の近い所に豪徳寺前駅が存在したが、戦時統合で移転し宮の坂駅に改称された。小田急線はSE車が通過中。今は左手までホームが延長され、その外壁で小田急の電車は見えない。
◎豪徳寺　1958（昭和33）年9月28日

豪徳寺駅と経堂駅の中間付近で宅地化が進む時代だが、まだ畑や田んぼが見られたころ。現在、線路は複々線の高架橋となり、畑の部分は常徳幼稚園となっている。電車は2100形急行新宿行き。◎豪徳寺〜経堂　1957（昭和32）年4月5日

経堂天祖神社の南側付近の都営アパート。このころになると沿線の開発が進み、鉄筋コンクリートのアパートが目立つようになってくる。電車は2400形HE車の快速準急新宿行きで、快速準急という種別は1964（昭和39）年11月5日のダイヤ改正で登場した。◎経堂〜千歳船橋　1964（昭和39）年11月28日

昭和30年代に入るまでは多摩川橋梁周辺でも砂利採取が行われていたが、1964（昭和39）年の全面採取禁止を前に終了。
多摩川橋梁下流には宿河原堰堤があり、多摩川の流れが緩やかになることから、多くの貸ボート屋で賑わった。開業以
来の多摩川橋梁は、2003（平成15）年に複々線化工事の一環として上流側に新橋梁が完成。その後旧橋梁は取り壊され、
新しく下り線の橋梁が架けられた。鉄橋上流の右岸（登戸）側から、上り電車の2400形HE車。
◎和泉多摩川〜登戸　1964（昭和39）年 5 月17日

向ヶ丘遊園駅は開業当時は稲田登戸駅といい、小田急五大停車場の一つだった。マンサード屋根の大きな駅舎と、新宿からの折返し列車のための待避線を持っていた。向ヶ丘遊園駅への改称は、遊園地の整備が進んだ1955（昭和30）年。待避線に各停新宿行きが入線する。デハ2320形デハ2325は準特急用として両開き2扉のクロスシート車だったが、NSE

車登場で一般車に格下げされることになり、片開き3扉ロングシートになった。そのためドア間の窓配置が変則になっている。後ろの2両はパンタグラフが連結面側にあるのでデハ2300形。デハ2320形と同じく片開き3扉ロングシート化されているが、ドア間は狭窓が3つ並ぶ。◎向ヶ丘遊園　1965（昭和40）年1月30日

向ヶ丘遊園駅西側で、右端に場内信号機が見える。現在も有名な撮影地「遊園カーブ」を行く3000形SE車「はこね」
箱根湯本行き。手前側の線路に土砂が入っているようなので、上り線を使った単線運転を行っているようだ。
◎向ヶ丘遊園〜生田　1958（昭和33）年9月28日

境塚隧道の新宿方で、2220形の急行新宿行きが25パーミルの坂を駆け下る。中央に見える踏切は現在の鶴川4号踏切で、位置は変わっていないが踏切より先の左側は住宅地に。しかし踏切より手前側は玉川大学農学部の敷地で田畑が残り、右側奥も和光大学のキャンパスになり緑が比較的残っている。◎鶴川〜玉川学園前　1959（昭和34）年1月11日

玉川学園は成城学園を関東大震災後に牛込から移転させた小原国芳が、全人教育思想を実現させるために境塚隧道付近から駅にかけての土地30万坪を取得し学園を開校させるとともに学園以外の用地は分譲しようとした。用地内を小田急線が横切っていたが、鶴川駅〜新原町田（現・町田）駅間5.7kmには駅がなかった。学園側が用地と駅舎を提供するとともに月200円の売上を保証することで1929（昭和4）年に玉川学園前駅が開業した。線路に架かる橋は学園内の橋で、現在は車も通れる橋に架け替えられている。電車は更新後の1800形新宿行き。◎鶴川〜玉川学園前　1959（昭和34）年1月11日

境塚隧道の小田原方に1900形の急行が出てきた。柿生駅から玉川学園前駅にかけて東京都と神奈川県との境が線路の右左に移動するが、明治の町村制施行の際に鶴川沿いの村は合併して南多摩郡鶴川村（現在は町田市）になり、その南の岡上村は柿生村とのつながりが強かったので都筑郡柿生村外一ヶ村組合（現在は川崎市麻生区）を組んだ。その後南多摩郡が神奈川県から東京都に移管されたので県境となった。小田原急行鉄道はその境の鶴川沿いに線路を敷いたので、何度も県境を跨ぐことになる。◎鶴川〜玉川学園前　1959（昭和34）年1月11日

相模大野駅は江ノ島線との分岐駅だが、1929（昭和4）年の江ノ島線開業時は駅でなく、相模大野信号所という分岐点でホームはなかった。小田原線が急行と直通の時間2本、江ノ島線への直通が時間1本の運転の時代に、江ノ島線の上り線を立体交差で小田原線につなぎ、平面交差にしなかったことは特筆される。1938（昭和13）年に陸軍通信学校が移転すると、最寄り駅として相模大野信号所は通信学校駅として開業。1941（昭和16）年に防諜上の理由から相模大野駅に改称される。信号所当時は何もない場所だったが、相武台軍都計画により陸軍士官学校をはじめ陸軍施設が多く移転し

発展していった。電車がくぐる谷口陸橋も軍都計画でつくられた道路で、現在は国道16号になっている。電車は更新されたデハ1216ほかの新宿行き。駅の開設当時は上下線のホームが千鳥型に配置されたが1955（昭和30）年に相模大野検車区設置に伴い上下線のホームが並んだ2面4線の配置に変更される。現在は編成長の延伸や大野総合車両所への出入りのため、さらに駅は新宿方に伸び、本線の分岐は谷口陸橋の向こう側になった。
◎相模大野　1964（昭和39）年10月3日

海老名駅の座間方で交差する線路は相模鉄道の厚木線、架かる橋は並木橋。画面には写っていないが、すぐ左側には1941（昭和16）年に開通した神中鉄道線（現・相模鉄道本線）があり、1964（昭和39）年11月5日まで共同使用駅だった海老名駅から小田急線に乗り入れ、本厚木駅まで直通運転を行っていた。その後、1972（昭和47）年に駅を西へ400m移転させ小田急と相鉄の駅を分離、小田急線と相鉄厚木線の間に海老名検車区が新設されている。電車はクハ1450形クハ1457他の回送電車。◎座間〜海老名　1964（昭和39）年10月3日

「東京新宿への近道 小田急ロマンスカー64分」ネオンサインが見えるが、小田原急行鉄道開業後、東京行進曲で♪シネマ見ましょか、お茶飲みましょか、いっそ小田急で逃げましょか♪と歌われていた。当時の急行は105分の運転だったが、国鉄線は丹那トンネル開通前は国府津乗り換えだったので小田急が圧倒的に早かった。1956(昭和31)年のホーム改修

後は1番線が箱根湯本方面、2番線が新宿方面のホームで、どちらも箱根登山鉄道からの直通運転が可能になっている。電気機関車デキ1010形ED1011がいる線路は小田急の線路、その手前の3線は国鉄小田原駅の側線で、東海道本線の上り列車車窓から撮られたようだ。◎小田原　1961（昭和36）年12月16日

小田急電鉄 江ノ島線

江ノ島線は湘南の名勝江の島へ通じる観光路線として、また滝山街道沿いの沿線開発を目的として小田原線建設工事中に敷設を出願。小田原線開業の1927（昭和2）年に免許が下りるとすぐに工事にとりかかり、1929（昭和4）年の4月1日に大野信号所〜片瀬江ノ島駅間27.3kmを全線複線で開業した。片瀬江ノ島駅は竜宮城を模したデザインで建てられ開業以来親しまれてきたが、2020（令和2）年にさらに魅力的な新駅舎に改築された。

大和駅は相模鉄道との連絡駅だが江ノ島線開業当時の神中鉄道大和駅は現駅の200mほど東にあり、江ノ島線は西大和駅といった。東京急行電鉄時代の1944（昭和19）年、神中鉄道は相模鉄道になり、また東京急行電鉄に運行委託をしていたこともあり、駅を交差部に移転、江ノ島線の駅も大和駅として連絡運輸を開始している。小田急線の駅は築堤上にあったが、1981（昭和56）年からの都市計画で相模鉄道線は地下化、江ノ島線は高架橋化工事が行われ、駅周辺も整備されている。片瀬江ノ島行きの1800形が大和駅に到着。
◎大和　1962（昭和37）年1月16日

小田急電鉄 多摩線

　昭和30年代に入り東京の人口が急増し周辺都市ではスプロール現象が現れ秩序ある開発が求められていた。そこで政府は1963（昭和38）年に新住宅市街地開発法を制定し、これにもとづき1965（昭和40）年に多摩ニュータウン建設事業を都市計画決定した。多摩ニュータウンから都心へのアクセスが必要とし

て建設されたのが、小田急電鉄の多摩線と京王帝都電鉄の相模原線だった。

　小田原線との分岐点は、百合ヶ丘〜柿生間の万福寺カーブと呼ばれた地形に沿って曲がっていた区間をストレートに通れるよう山を削り、そこに分岐駅の新百合ヶ丘駅を設置。多摩線は今後開発される山

を切り開きながら、多摩ニュータウンの入口にあたる小田急永山駅までの区間が1974（昭和49）年6月1日に開業。

小田急多摩センター駅までの区間は1975（昭和50）年4月23日に開業した。しかしオイルショックの影響もあり多摩ニュータウンの建設は遅れ、駅周辺は開発中だった。

小田急永山駅を出る小田急多摩センター駅行きクハ2450形クハ2488ほか4連。1974（昭和49）年6月1日に小田急永山駅までの区間が開業したが、背後の山の上の諏訪団地や、右手側にある永山団地は1971（昭和46）年に入居が始まっており、当駅が開業するまでの3年間ほどは京王線の聖蹟桜ヶ丘駅までのバス連絡になり、陸の孤島と呼ばれてしまった。駅は10両編成対応の高架駅で用意されたが、開業当時の電車は4両編成、新宿まで直通運転する電車も平日朝に2本あるだけだった。そのためホーム途中に柵が置かれ、上屋も短い。左側には京王帝都電鉄の京王永山駅があり、多摩センター駅まで並行して走る。◎小田急永山　1979（昭和54）年10月14日

京王相模原線と並行してクハ1950形クハ1964他２連の線内各停が小田急多摩センター駅に到着。1979（昭和54）年３月のダイヤ改正までは、線内折り返し列車は２両編成があった。駅周辺の区画整理は遅れ、街が築かれるのに10年ほど要している。◎小田急多摩センター　1975（昭和50）年５月11日

小田急多摩センター駅で折り返し待ちのデハ2200形デハ2218他2連。小田急多摩センター駅は将来の相模原市方面への延伸に備え2面4線の駅で設計、ホーム上屋も開業当時から8両編成分用意されている。反対側のホームは未使用なので柵がしてある。のちに留置線確保の目的で線路が敷かれ全面使用となったが、唐木田車両基地の建設で必要がなくなり待避線は廃止された。◎小田急多摩センター　1975（昭和50）年5月11日

多摩線は当初建設される地下鉄の終点が喜多見だったため、喜多見から分岐して稲城本町・多摩を経由、神奈川県津久井郡城山町まで31.2kmの区間の路線免許を1966（昭和41）年までに受けていた。しかし、翌年新百合ヶ丘駅で分岐する現行ルートでの建設が決まったので、この部分の免許を申請するとともに喜多見・稲城本町・多摩間の免許は廃止した。多摩線の建設にあたっては将来の延伸を見据え、駅の先の掘割区間まで先行着工していたが、この先は京王との並走区間になるので着工は見合わせた。1987（昭和62）年に当初の計画より南寄りの唐木田地区への建設が決まると城山への路線免許は廃止された。1990（平成2）年に唐木田駅まで延長開業し、先行用地も日の目を見たが、切り通しの周りは切り崩されて築堤になり、ホーム端に多摩都市モノレールが横切っている。◎小田急多摩センター　1975（昭和50）年5月11日

ロマンスカー

新宿～小田原間の急行電車の運転は1927（昭和2）年10月15日の小田原線全線複線化のとき、ロマンスカーの原点と言える週末温泉特急の運転は1935（昭和10）年6月1日のことである。電車は専用ではなかったが、毎週土曜日の午後1時55分に新宿を出て小田原3時25分着、小田原からは箱根登山鉄道と運輸協定を結び温泉地へ乗客を運んだ。戦争ですべての運転は中止されたが、戦後1948（昭和23）年10月6日からノンストップ特急が運転開始され、翌1949（昭和24）年9月17日より喫茶スタンドを設けた特急専用車1910形が登場、当時のポスターに「ニュールックロマンスカー毎日運転」とあり、小田急の特急専用車=ロマンスカーの歴史が始まる。そして新宿～小田原間60分運転を目指し、当時の日本の最高技術を結集して1957（昭和32）年7月6日、"Super Express"の略であるSE車こと3000形の運転を開始する。

SE車

高速運転のために低重心の軽量車体と連接車構造、流線形のマスク、そして画家宮永岳彦氏の案によるバーミリオンオレンジに白線にシルバーグレーの鮮やかな塗装という、今までの鉄道車両の常識を覆す画期的な車両。1957（昭和32）年9月25日に国鉄と共同で行われた高速試験で145km/hの狭軌における世界記録を樹立し、その後、新幹線をはじめとする多くの鉄道車両の高速化のもとになっている。ただ一つ残念だったのは、軽量化低重心化のために冷房装置の搭載は諦めなければいけなかったことである。1959（昭和34）年3月に第4編成が登場し、特急のすべてがSE車となり、4月のダイヤ改正で新宿〜小田原間67分運転を実施した。当時は1往復ごとに列車名を変えていたので、「あしのこ」「明星」「あしがら」「さがみ」「大観」「千石」「はつはな」「湯坂」「明神」「はこね」「乙女」「神山」「うばこ」「金時」「早雲」「夕月」と百花繚乱であった。◎下北沢〜世田谷代田　1959（昭和34）年12月13日

SSE車

ロマンスカーの主役として活躍していたSE車
だが、1963（昭和38）年に後継のNSE車が登場、
翌年からは江ノ島線の特急にも充当されるよう
になる。その後、特急電車は陳腐化も早いの
でSE車は耐用年数10年をめどに設計されて
いたことと、NSE車が1967（昭和42）年までに
7編成登場して余剰になっていたこと、1968
（昭和43）年7月にディーゼルカーで乗り入れ
を行っていた御殿場線が電化され、乗入れす
る列車を電車に置き換える必要が出たことか
ら、8両編成4本から5両編成6本にするた
め、編成の組み換え、中間車の先頭車改造と
あわせ冷房装置の搭載と合わせ大規模な更新
工事を行って登場したのがSSE"Short Super
Express"車。編成を2本繋げて運用できる
ように連結器が設けられ、普段はカバーで覆
われている。御殿場線の特急「あさぎり」の
ほか、江ノ島線「えのしま」や小田原線の途
中駅に停まる「さがみ」に充当されるように
なる。「あさぎり」では後継のRSE20000形登
場する1991（平成3）年まで活躍。翌年の廃車
後もデハ3021他の編成が保存され、スペース
の関係で3両になってしまったが、現在はロ
マンスカーミュージアムで展示保存されてい
る。1983（昭和58）年に廃車された1編成は大
井川鉄道に譲渡されている。大井川鉄道では
3両編成に短縮のうえワンマン改造して運用
する計画であったが、諸般の事情で実現しな
かった。
◎大和　1975（昭和50）年5月7日

NSE車

増え続ける特急旅客需要に対し、ポストSE車として、連接車、軽量高性能、低重心構造、冷房搭載、前面展望性の向上、側窓の広窓固定化、室内のデラックス化、編成全長は140mという基本設計構想で1963（昭和38）年に登場。低重心構造を生かして運転席を2階に上げて展望席を設け、側窓も1600mm×750mmとして眺望を向上させたほか、編成中の洗面所の位置で区切り内装に変化をつけたのも特徴。1963（昭和38）年4月のダイヤ改正では新宿〜小田原間ノンストップ62

分運転と、特急運転開始当時の目標の同区間60分に迫る。NSE車は新宿～小田原間60分運転達成時は所要6編成で30分間隔で運転できるので、1967（昭和42）年までに検査予備編成を入れて7編成を製作。しかしその後、輸送力増強のための並行ダイヤ化によるスピードダウンで、常に7編成運用となったため、検査時にはSE車の代走が残った。
◎和泉多摩川～登戸　1964（昭和39）年5月17日

キハ5000、5100形

1950（昭和25）年に小田急電鉄は箱根湯本乗り入れが始まり、箱根・芦ノ湖からの回遊ルートの形成や富士山・富士五湖方面へのルートも考慮し、1952（昭和27）年に非電化の国鉄御殿場線乗り入れを申請。国鉄松田駅へ乗り入れる連絡線を新設し、御殿場線へ乗入れる気動車として1955（昭和30）年に登場したのがキハ5000形。2両がつくられ、1運用で新宿〜御殿場間2往復でスタート、全長20mの車体に勾配対策で2つのエンジンを装備しスピードアップはしたが、定員94名の設計は窮屈なレイアウトになってしまった。休日は2両編成とすると予備車なしとなるため、翌1956（昭和31）年に1両を増備。定員を82名に減らしたため窓配置も変わり形式もキハ5100形となり、キハ5000形もシートピッチを拡大して定員を82名に減らしている。国鉄線内は準急。小田急線内は特別準急の種別で愛称は「銀嶺」と「芙蓉」と富士山に因むもので、御殿場駅まで小田急の乗務員で通して運転された。
◎鶴川〜玉川学園前　1959（昭和34）年1月11日

1959（昭和34）年に御殿場線乗り入れを４往復化することになり、４両目のキハ5100形キハ5102を増備。塗装を電車の特急色から国鉄気動車の準急色に近い色合いにして、連結運転のときに車両間の幌を使用するため幌枠が付けられた。これらは在来の３両にも施されている。増発された列車名は「朝霧」と「長尾」で、朝霧高原と長尾峠に由来する。1968（昭和43）年に御殿場線は電化されることになり、御殿場線乗り入れ列車もSE車を改造したSSE車に置き換えられたため、４両とも関東鉄道に譲渡されている。◎下北沢～世田谷代田　1959（昭和34）年12月13日

小田急電車アラカルト

　ヒギンズさんが撮られた1950〜70年代の小田急電鉄は、開業当時の車両が新しい大型車に置き換わっていく時期だった。開業当時からのHB車、戦中戦後のABF車、戦後の助っ人1800形、いわゆる新性能電車のABFM車、HE車、NHE以降の大型車、そしてロマンスカー、御殿場線用気動車など、ここでは特急専用車以外を順に紹介する。

HB車

小田原急行鉄道が開業当初から用意した電車。当初はHL車（Hは手動加速、Lは制御電源が架線電源）だったが、のちにMG（電動発電機）搭載で制御電源を100VにしたHB車に改造された。

デハ1100形

1927（昭和2）年の小田原急行鉄道開業時につくられた3扉ロングシートのサバー区間（新宿～稲田登戸）用モハ1形で、日本車輌で18両製造。当時は乙号車と呼ばれる。大東急合併の際の改番でデハ1150形となり、1947（昭和22）年に相模鉄道へ9両譲渡、小田急分離後の1950（昭和25）年にデハ1100形の1101～1109になる。1958（昭和33）年、デハ1101は中央扉を両開きにして座席を撤去しデニ1100形デニ1101に改造、残りの車も1960（昭和35）年までに熊本電気鉄道と日立電鉄へ譲渡された。大東急時代は相模鉄道も運行委託で東急厚木線となっており、1946（昭和21）年春より新宿～海老名～二俣川（のちに横浜）の区間で進駐軍専用車"MILITARY CAR"が車両を5両指定・整備して運転されていたが、デハ1101もその中の1両だった。デハ1100形はモーター出力と歯車比が違うため他のHB車とは連結せず、このグループのみで連結運転されている。◎豪徳寺　1970（昭和45）年4月24日

デハ1200形

1927（昭和2）年の小田原急行鉄道開業時につくられたインター（遠距離）用車両である。日本車輌製のセミクロスシート便所・手小荷物室付きのモハニ101形12両と、藤永田造船所製のセミクロスシートで手小荷物室つきのモハニ121形3両、ロングシート便所・手小荷物室付きのモハニ131形3両の計18両、当時は甲号車と呼ばれた。モハニ121形とモハニ131形は正面がフラットで貫通扉がつく、この2形式は数年で手小荷物室撤去が行われた。モハニ101形は1941（昭和16）

年ころからクロスシート車のロング化小荷物室の撤去が行われ、大東急合併の改番でデハ1200形1201 〜 1218にまとめられた。戦後に便所を撤去、1956(昭和31)年から更新工事が行われ、正面フラット貫通扉つき片運転台となりデハ1400形に似るが、窓柱の配置に違いが出る。1968(昭和43)年までに車両大型化のため主電動機を4000形へ譲り廃車となった。
◎下北沢　1959(昭和34)年6月13日

1300形

1927（昭和2）年の 小田原線全線複線化時につくられた遠距離用ロングシートで便所・手小荷物室つきのモハニ151形。
藤永田造船所で5両製造。モハニ131形よりも手小荷物室が広く、片側3ドアのうち小田原方のドアは荷物専用だった。
1934（昭和9）年ごろに便所撤去と手小荷物室の縮小が行われ、大東急合併の改番でデハニ1250形に、1946（昭和21）年ご
ろに手小荷物室を撤去し、デハ1250形となる。小田急分離後1950（昭和25）年の改番でデハ1300形となる。3扉が使い
勝手が良かったのか荷電代用で使われ、この日もデユニと組んで荷物輸送。1956（昭和31）年に2両が電装解除されク

ハ1350形へ。のちの更新でクハ1450形と同じスタイルになった。残った3両は1959（昭和34）年から翌年にかけ、1500
mm幅の両開き2ドアの車体に更新される。また事故復旧車だったデハ1311も同様に更新され、デハ1304に編入されてい
る。更新後の写真は76～77ページ掲載の4両編成の一番後ろの車。他のHB車が淘汰された後も残ったが、1969（昭和
44）年に荷物電車デニ1300形に改造され1984（昭和59）年まで使用された。◎豪徳寺　1958（昭和33）年9月28日

1400形

1929（昭和4）年の江ノ島線開業時から翌年につくられたモハ201形15両とクハ501形5両クハ551形15両で、全車川崎車輌製。クハ501形がセミクロスシート、他はロングシート。戦時中に全車ロングシートになり、クハ2両が廃車になったモニの電装品でモハ251形に改造。大東急合併の改番では形式がまとめられ、デハ1350形とクハ1300形となる。新生小田急発足時に元モハ251形の2両は井の頭線と東横線に残りそのまま移籍。1950（昭和25）年の改番でデハ1400形とクハ

1450形となる。その後事故復旧のデハ1406はデハ1311へ改番、デハ1300形の電装解除品を使ってクハが2両電装されデハ1401〜1416、クハ1451〜1466となる。1954（昭和29）年からの更新により、片運転台化とドアの拡幅で窓配置が変化している。多摩川を渡る電車は先頭がクハ1450形、中間2両がデハ1200形、一番後ろがデハ1300形。1969（昭和44）年までに車両大型化のため主電動機を4000形へ譲り廃車となった。◎和泉多摩川〜登戸　1964（昭和39）年5月17日

帝都電鉄移籍車

終戦後車両需給の関係で井の頭線から小田原線へ移っていた電車。

デハ1500形、クハ1550形

生まれはともに1936（昭和11）年帝都電鉄のモハ200形モハ208とクハ500形クハ502、大東急時代はデハ1450形デハ1458とクハ1500形クハ1502となり、1947（昭和22）年に小田原線に転属。1950（昭和25）年の改番でデハ1500形デハ1501とクハ1550形クハ1551となる。デハの制御器は帝都電鉄独自のもので、他の車両と連結運転ができずこの2両ペアで使われたが、のちに制御器・ブレーキ等を交換してHB車と併結可能になった。1956（昭和31）年には制御器・モーター・ブレーキを交換してABF車と併結可能にし、クハは2扉で車体も短かったので車体延長のうえ3扉化した。1960（昭和35）年生まれの違いにより他の小田急車と車体が異なるため更新に際し車体を新造、1900形に編入されデハ1900形デハ1914、クハ1950形クハ1964となる（写真は60ページ）。このときに余った車体はデユニ1000形の更新に使われ、デハ1501がデユニ1001、クハ1551がデユニ1002となった。◎世田谷代田〜梅ヶ丘　1965（昭和40）年2月14日

ABF車

ABFは制御器の型式で、Automatic acceleration（自動加速）Battery voltage（低電圧電源）Field Tapper（弱め界磁制御）の意味。米国ウェスティン グハウス・エレクトリック社と技術提携した三菱電機の単位スイッチ式制御器を装備したグループ。

デハ1600形

1942（昭和17）年、12年ぶりの小田急の新車として川崎車輌で10両製造。自動加速車ということでモハ1000形として計画されていたが、大東急発足後の入線になり、1400、1500番台は井の頭線（帝都電鉄）の車に割り当てられていたのでデハ1600形となった。当初はデハ1600形だけのオールM編成だったが、のちにクハ1650形と編成を組むことになる。1948（昭和23）年10月、復興整備車として整備され週末のノンストップ特急に起用されるが、翌年1910形特急用車が登場すると役目を譲った。1958（昭和33）年より車体更新が行われ、正面窓のHゴム支持化、側面窓のアルミサッシ化、客用扉のプレスドア化、尾灯の窓上設置などと、補機類のクハへの移設が行われ2両固定編成で使われる。1969（昭和44）年までに車両大型化のため主電動機を4000形へ譲り廃車となった。◎下北沢〜世田谷代田　1959（昭和34）年12月13日

クハ1650形

クハ1650形は製造時期により3グループに分かれる。1941（昭和16）年から翌年にかけて小田原急行鉄道クハ600形クハ603、クハ601がつくられ、大東急改番でクハ1650形クハ1653、1651となった。遅れて1944（昭和19）年にクハ1652が登場、この3両は国鉄の古い木造客車の台枠を用いて作られた。当初はHB車のクハだったが、制御器を交換してデハ1600形と組むことになる。次に1952（昭和27）年に木造国電の戦災払下げ車の復旧名義でクハ1654、1655が。翌1953（昭和28）年に1600形の2両編成化のためにクハ1656〜1660が新製される。1958（昭和33）年より木造客車出自の車は車体載せ替え、その他はデハ1600形同様の車体更新が行われ、2両固定編成化される。1969（昭和44）年までにデハ1600形とともに廃車された。写真は更新前のクハ1658で、更新後はデハクハとも奇数車が新宿向き、偶数車が小田原向きで揃えられた。
◎向ヶ丘遊園〜生田　1958（昭和33）年9月28日

1900形（2000形）

新生小田急発足後最初の新車として1949（昭和24）年、運輸省規格A'型に準拠したデハが10両と戦災国電復旧のサハ5両が製造された。デハ＋サハ＋デハの3両固定編成で、3ドアロングシート車がデハ1900形とサハ1950形で3編成、2ドアセミクロスシートの特急用車がデハ1910形サハ1960形で2編成、サハ1960形には便所、放送室、喫茶カウンターが設けられて「走る喫茶室が登場」、翌1950（昭和25）年に特急用車はデハ2000形サハ2050形に改番された。2000形は1952（昭和27）年までに1700形が2編成登場すると一般車に格下げになった。1953（昭和28）年に2両編成3本が増備される。

1956（昭和31）年に1900形、2000形の3両編成5本を2両編成10本にするためにクハを5両新製し、サハに運転台を取り付けた。同時に2000形も3扉ロングシート化され1900形に編入された。1960（昭和35）年にデハ1500形とクハ1550形が更新に際してデハ1914、クハ1964に編入されている。写真の先頭はデハ1902、次位の車はサハ1952で、戦災国電復旧車なので車体幅が10cm広い。1974（昭和49）年から1976（昭和51）年にかけて、主電動機や一部機器を4000形に譲り廃車されている。◎向ヶ丘遊園〜生田　1958（昭和33）年9月28日

1700形

1950（昭和25）年の箱根湯本へ乗り入れ開始から利用者が大幅に伸びたため、新しい特急車の要望に応え1951（昭和26）年2月に登場した。製作費を抑えるため台枠は戦災や事故車の国電のものを使い、電装品は国電の中古をデハ1600形に与え捻出したものを利用したが、特急専用車として広幅窓と転換クロスシートを装備した。中間サハは国鉄63形の台枠を用いたので20m級車両になり定員の増加と、喫茶カウンターの充実に充てられた。新型特急車は好評で需要が伸びたこと、また2000形との落差もあることから、同年8月に同仕様の第2編成が、翌1952（昭和27）年に正面を2枚窓とした完全新車の第3編成が作られた。しかし1957（昭和32）年に新型特急のSE車が登場すると特急の座を譲り、一般車に格下げになった。中間サハは17m級に縮めたうえ、新造サハを入れて編成長70mの4両編成として3ドアロングシート化、

第3編成は貫通路を新設している。1974（昭和49）年に主電動機を4000形に譲り廃車されている。2000形の特急車のあとに1700形に形式が戻っているが、大東急時代の新宿営業局は小田原線と井の頭線を管理しており、1700形は戦災で大きな被害を受けた井の頭線用の電車で入り、その次が小田原線に国鉄63形の1800形となる。大東急からの分離で井の頭線は京王帝都電鉄となったので、小田急電鉄としては1700形は空番になっていたこと、特急車とはいえ古台枠利用の改造車で電装品・台車も転用だったことから、空番を埋める形で1700形とされた。新宿駅地上ホームからの1704-1754-1753-1703の編成。サハ1754が新造車だが、在来車に合わせ広窓となっている。
◎南新宿　1962（昭和37）年6月17日

2100形

塗装は茶色からオレンジイエローにダークブルー、そしてケープアイボリーにロイヤルブルーの帯と変わっていく。更新によりアルミサッシ化やヘッドライトの2灯化が行われるが、外観に大きな変化はない。またこのころは2両編成×2の4両編成で運転されていた。
◎豪徳寺　1970（昭和45）年4月24日

1953（昭和28）年、軽量カルダン駆動車登場前に新機軸を盛り込んだ在来車として2両編成4本を製造。車体と台車の軽量化を図るため、ノーシルノーヘッダー張り上げ屋根の車体と、軸ばね式の軽量台車を用いた。制御器とモーターは在来のABF車と同型とされる。室内灯も1700形特急に続き蛍光灯になった。電車はクハ2150形クハ2154で、豪徳寺駅を出て経堂駅に向けて築堤を下りてくる区間。
◎豪徳寺〜経堂　1961（昭和36）年7月29日

1800形

終戦後の輸送力不足のなか、運輸省鉄道軌道統制会から国鉄63形の製造割り当てを受けた車両。

ひとまわり以上大きい車体のため地上設備の改修も必要となったが、その後の大型車両導入に役に立った。

1946（昭和21）年8月から順次、デハ1800形デ
ハ1801 ～ 10、クハ1850形クハ1851 ～ 60の
ペアで入線。デハ1806 ～ 09の3編成は同
年12月、横浜～二俣川間昇圧に伴い東急厚
木線として経営委託中だった相模鉄道線へ
配属。1947（昭和22）年11月の経営委託解除
で相模鉄道に譲渡された（写真は130 ～ 131
ページ）。1948（昭和23）年12月に、大型車で
運用を持て余していた名古屋鉄道から国鉄
63形を購入しデハ1811 ～ 13、クハ1861 ～
63とした。この3編成はデハが小田原方を
向く奇数向きで、ジャンパ線や機器の配置
も大鉄仕様で東鉄仕様の在来の1800形と異
なり、連結運転はできなかった。1957（昭和
32）年から台枠を利用して車体載せ替え工
事が行われ一新、デハは新宿向きに揃えら
れ空番を詰められ、戦災復旧車だったデハ
1821 ～クハ1871の編成も同様に更新されデ
ハ1801 ～ 11クハ1851 ～ 61の2両11編成と
なる。1962（昭和37）年12月のダイヤ改正から
2本連結した4両編成の運転を開始してい
る。その後、1967（昭和42）年からの体質改
善工事でブレーキをHSC（電磁直通ブレー
キ）に改造、大型車体を生かし4000形と併結
して5連・8連で輸送力列車に充てられた
が、1973（昭和48）年に連続脱線事故を起こ
し4000形との連結を中止、1977（昭和52）年
7月の大型車10両運転開始まで、1800形8
連を2本組み朝の新宿行き急行に充当された。収容力は大きかったが加速性能が劣る
ため1981（昭和56）年までに廃車され、秩父
鉄道へ譲渡されている。
◎豪徳寺　1964（昭和39）年11月29日

ABFM車

高性能車・新性能電車と呼ばれる区分で、在来の ABFにM「多段進段（Multiple notch）」を持ち、駆動装置はモーターがバネ上架装になるカルダン駆動、制動は発電制動常用の電磁直通ブレーキHSC-D（High Speed Control-Dynamic Brake）を採用している。

2200形

1954（昭和29）年7月、長年研究を続けてきた軽量カルダン車として登場。車体は2100形に準ずるが視野の拡大のため正面2枚窓とし、直角カルダン方式の全電動車。定格出力75kw、端子電圧340Vの主電動機8個を1台の主制御器で制御し、発電制動常用の電磁直通ブレーキは日本初採用となった。台車はその後小田急で長く使われるアルストムリンク式を採用。大きく性能が変わったことから特急色のオレンジイエローにダークブルーを一般車として初めてまとった。1957（昭和32）年までに2両8編成が製造され、翌年からは駆動装置をWN駆動に変更し4両編成とした2220形へ移行したが、1959（昭和34）年に増備された2両編成は2220形に準じながら、2両編成ゆえ2200形の続番とされた。この2両は空気バネを採用している。8000形の登場に伴いABFM車の淘汰が始まり、1983（昭和58）年までに廃車、一部は富士急行へ譲渡された。経堂駅の手前、アパートの左手には経堂の車庫がある位置。2200形の急行が駆け抜ける。
◎豪徳寺〜経堂　1957（昭和32）年4月5日

2220形

1958（昭和33）年に2200形を改良した2200形を4両編成4本を製造。保守の低減のためWN駆動方式の並行カルダンを採用し、車体は正面の貫通路が復活した。また中間車1両に便所を設置していた（この時代の写真は48ページ）。1962（昭和37）年にHE車の増備によって増結用の2両編成が不足したため、中間車に運転台を取り付け2両編成8本に改造、中

間車の便所は撤去された。1968（昭和43）年から前照灯の2灯化と列車種別窓の設置が行われ、翌年から新塗装化も進められた。8000形の増備により1984（昭和59）年までに廃車、一部は富士急行と新潟交通へ譲渡された。
◎豪徳寺　1970（昭和45）年4月24日

2300形
2320形

2300形は1955（昭和30）年、特急用の
4本目の編成として登場した4両編
成。足回りは2200形を用い、当時流
行の湘南スタイルの傾斜した正面2
枚窓、簡易リクライニング機能を備
えた転換シートに合わせ側窓は狭窓
が並んでいたが、SE車第4編成落成
で一般車に格下げになり2320形同様
の両開き2扉セミクロスシートに改
造された。

2320形は1959（昭和34）年に準特急
や週末急行用に2220形を両開き2扉
セミクロスシートにしたもの。4両
編成2本製造された。1963（昭和38）
年にNSE車が登場すると準特急は廃
止され、またHE車に増結する編成
が不足していたため、2300形、2320
形とも3扉ロングシート化のうえ中
間車に運転台をつけ2両編成とした
もの。3扉化改造後の写真は44～
45ページ。写真は登場当時のデハ
2321～2324の編成。
◎下北沢～世田谷代田
1959（昭和34）年12月13日

94

HE車

　2200形からのカルダン車は性能は上がったが、オール電動車で製造コスト、補修費、電力量もかかるので、これらを改善しながら急行用としても使える通勤用電車として開発された。HEはHigt-Economical Carの略。

2400形は４両固定編成、中間電動車のデハは120kwの主電動機を搭載し、４個直列２回路で２両の電動車を１つの制御器とし、プログラム制御とバーニア抵抗を用いた超多段ABFM-D式。空転防止のため全長を19.3mにして軸重を増し、大出力電動機搭載のため車輪径を910mmとする。編成長を17m級車４両編成とほぼ同じ70mとするため、先頭車のクハの全長は15.9mになり、軽量化のため車輪径は762mmとされた。車体は1300mm幅両開き３ドアロングシート、前照灯は２灯とされ常時１灯使用し片方は予備灯となる。1959（昭和34）年末から1963（昭和38）年までに29編成116両を製造。各停から急行まで、とくに1982（昭和57）年までは箱根登山鉄道に大型車が乗り入れできなかったために、箱根湯本行き急行にはHE車が使用された。1985（昭和60）年から4000形の走行機器更新のため主電動機を転用するために廃車が始まり、1989（平成元）年までに全車廃車となった。◎和泉多摩川〜登戸　1964（昭和39）年５月17日

NHE車

1960年代に入り小田急線の旅客輸送の伸びは年10パーセントを超え、運転本数は限界に近づいた。そこで編成単位の輸送力を高めるため、経済性を追及しながら車両を大型化したのがNHE車。NHEはNew Higt-Economical Carの略である。

新宿駅改良工事が終わった1964（昭和39）年に近郊区間用として登場。全長20m両開き4扉車、車体幅も2.9mと最大限にとり、中型車7両分の輸送力を6両で確保した。また経済性を高めるためMT車の比率を半々とし、3両の電動車を2つの制御器で制御する特殊な方法がとられ、かつ停止時に電力を回収できる回生ブレーキを採用している。6両編成で計画されたが、各駅停車駅のホーム延伸工事が完了する1967（昭和42）年までは5両編成で運転された。
◎豪徳寺　1964（昭和39）年11月2日

1969（昭和44）年からケイプアイボリーにロイヤルブルーの帯に塗装が変更され、1972（昭和47）年からは冷房改造が実施されている。末期は各駅停車8両化のため全編成を組み替える計画だったが、途中で中止され新車に代替されることになり、2004（平成16）年までに廃車された。◎大和　1975（昭和50）年5月7日

4000形

　小田原急行鉄道開業時からのHB車は更新されながら40年近く活躍してきたが、収容力と性能の低さは運用の妨げになっていたため、HB車の主電動機を流用してNHE車同様の大型車体に更新したのが4000形。

　1966（昭和41）年にHB車のモーター・ブレーキ装置を流用、制御器は性能向上のため新製して3両編成で登場。のちにブレーキはHSCに改められている。NHE車に比べると走行性能は劣ってしまうため、相模大野以遠の各停や、準急・急行で用いられ、4000形×2＋1800形でラッシュの新宿口8両編成にも使われた。しかし1800形との車両特性の違いにより脱線事故が起きたため、連結運転は中止され、4000形を増備し5両編成と3両編成とし、8両編成が組めるようにした。1985（昭和60）年からはモーター交換・冷房化、6両編成と4両編成への組み替えが行われる。その後2004（平成16）年までに廃車された。
◎大和　1975（昭和50）年5月7日

6

5000形

　ABFM車とHE車で運用されていた急行系統を8両編成の大型車両化するため、1969（昭和44）年に登場。小田原・江ノ島分割系統を考慮して4両編成で登場、将来は6両編成を登場させて10両編成にも対応できるように配慮された。車体はNHE車と同様とし、急行から各停まで幅広く使えるように設計されている。

　車体はNHEと同じ20m両開き4扉、足回りはHE車の改良型で併結も可能である。5000形から現行塗装となるケープアイボリーにロイヤルブルーの帯を纏う。1971（昭和46）年の増備車からは新製冷房車となり、写真のクハ5050形クハ5056を含む非冷房での新製車も冷房改造がなされた。1972（昭和47）年からは地下鉄乗り入れ対応の9000形に増備が変わったが、9000形の所要数が整ったあと、1976（昭和51）〜1977（昭和52）年に3編成が増備され、その後1978（昭和53）年からは6両編成で仕様を変更した5000形200番台に移行している。
◎大和　1975（昭和50）年5月7日

電気機関車

　小田原急行鉄道時代から貨物輸送を行っていたので電気機関車を保有している。

　1927（昭和2年）の小田原急行鉄道開業時に川崎造船所製のデキ1010形が2両（写真はp54〜55）。1930（昭和5年）に川崎造船所製のデキ1020形と、日本車輌製の1030形が各1両。1951（昭和26年）に中日本重工でデキ1040形を製造したほか、1957（昭和32年）に日本専売公社足柄工場専用線入換車を譲り受けたデキ1050形の6両が在籍した。形式は「デキ」なのに表記は電気機関車動輪4軸を表す「ＥＤ」（1050形は動輪が2軸の小型機なのでＥＢ）となるのが特徴。主に小田原線で使われ、相模川・酒匂川から東北沢駅への砂利輸送、伊勢原駅の濱田精麦、足柄駅の日本専売公社への輸送が主な職場だった。
◎豪徳寺　1964（昭和39）年11月28日

向ヶ丘遊園の豆電車

向ケ丘遊園は駅から1kmほど離れていたので、1950（昭和25）年に稲田登戸駅から向ケ丘遊園正 門までバッテリー機関車牽引の豆電車が運転されていた。

向ヶ丘遊園正門側の豆電車のりば、1955（昭和30）年に稲田登戸駅は向ケ丘遊園駅に改称されている。
◎1958（昭和33）年9月28日

戦前はガソリン機関車による豆汽車が運転されていた。戦後は二ヶ領用水添いの線路の中間地点に交換所が設けられて、2編成で運転が行われた。1965（昭和40）年に道路拡張のため廃止。翌1966（昭和41）年にロッキード式のモノレールが開業し、遊園地へのアクセスを引き継いだ。◎1964（昭和39）年5月17日

第2章

箱根登山鉄道

戦後小田急グループとなった箱根登山鉄道は、
小田急線の箱根湯本駅乗り入れをはじめ密接な関係を築いていく。

箱根登山鉄道沿線風景

箱根登山鉄道

箱根登山鉄道の歴史は、国有鉄道の東海道線が箱根山を避けて御殿場経由になったことにより、鉄道から取り残された小田原と国府津駅の間を結ぶ馬車鉄道が1888（明治21）年に国府津〜小田原〜湯本間に開業した小田原馬車鉄道に始まる。馬車鉄道は1896（明治29）年に小田原電気鉄道に称号を変更し、1900（明治33）年に日本で4番目となる路面電車（軌道線）運転と、自社の水力発電設備を用いて鉄道会社直営としては日本最初の電灯事業を開始している。

1919（大正8）年に箱根湯本駅〜強羅駅間の鉄道線が開業、1920（大正9）年に国鉄の熱海線が開業すると起点を小田原駅前に変更し国府津駅への路線は廃止される。1923（大正12）年に発生した関東大震災では再起不能とまで言われる甚大な被害を受

けたが、翌年末までに全線復旧、この際に軌道線を1372mmから鉄道線と同じ1435mmの軌間に改軌している。しかし復旧により経営危機に陥り日本電力に吸収合併、鉄道部門は1928（昭和3）年に箱根登山鉄道として分離された。

1930（昭和5）年に小田原駅に乗り入れていた小田原急行鉄道と連絡輸送の提携を結び、1935（昭和10）年に小田原駅〜箱根湯本駅間の鉄道線が開業し、並行する箱根板橋〜箱根湯本間の軌道線は廃止される。1950（昭和25）年に小田急電鉄の箱根湯本駅への乗り入れを開始、1956（昭和31）年に残っていた小田原市内の軌道線が廃止される。

箱根登山鉄道の小田原駅は小田原急行鉄道小田原駅の西側につくられ、直通運転開始後も折り返し列車用のホームが設けられている。箱根登山鉄道は軌間1435mm、小田急線は軌間1067mmなので、直通運転のためにレールを3本並べる3線軌条対応している。しかし片側のレールは共用のためどうしても電車とホームの間隔が片側が広くなってしまうのが避けられないのと、ポイントの形状が複雑になるので、2006（平成18）年からは小田原駅〜入生田駅間は軌間1067mmとして小田急線の電車のみの運転になり、箱根登山電車は姿を見せなくなった。◎小田原　1961（昭和36）年12月16日

路面電車で開業当時の湯本駅は、現在の箱根湯本駅の近くで早川の右岸から左岸に渡り、早川通りと湯場滝通りの角にあった。しかし早川の流れに近かった軌道敷きは何度も水害に見舞われ、1913（大正2）年に風祭〜湯本間の軌道を左岸山側に移設している。これに関連して当初須雲川右岸を予定していた登山電車（鉄道線）の計画を見直し、1919（大正8）年に現在線で鉄道線が開業、軌道線も箱根湯本駅に乗り入れるように改められた。戦時中電力国家管理法の成立によって日本電力は基幹を失うことになるが子会社の箱根登山鉄道は譲渡が示され、五島慶太によって買収され東急系の会社になる。1948（昭和23）年大東急から小田急電鉄が分離する際に経営基盤の弱かった京王線に井の頭線を一緒にして京王帝都電鉄とした代わりに、箱根登山鉄道と神奈川中央交通を小田急電鉄の系列とした。それにより小田急線の箱根湯

本乗入れが企画され、所々の問題を解決して1950（昭和25）年に小田急線電車の乗り入れが開始された。乗り入れに際して小田原方にホームを新設、その後小田急線の車両の大型化（当初デハ1900形３両で編成長60m、のちにロマンスカーNSE車対応で150m）に合わせて構内配線やホームの位置は何度か変化している。また箱根登山線は架線電圧600V、小田急線は1500Vと異なるので箱根湯本駅構内にデッドセクションを新設し、箱根登山線の電車は直通運転できるように複電圧対応に改造、それに合わせて木造車体を持つ車は鋼製車体に更新を行っている。写真のモハ104もその中の１両。
◎箱根湯本　1965（昭和40）年１月30日

小田原電気鉄道の鉄道線は当初、125パーミル（1km進む間に125m上る勾配）のアプト式鉄道で計画されたが、同社の主任技師長半田貢が登山鉄道の実情視察・調査のため、欧米に渡った結果、現在の80パーミルの勾配を持つ粘着式鉄道で建設されることになった。そのため途中出山、大平台、上大平台の3か所にスイッチバックを設け、また自然を損なわないように山ひだをぬうように線路を敷いたため最小曲線半径30mと他にない急カーブとなった。箱根湯本駅からの途中、早川の左岸から右岸に移る出川の鉄橋は、河床から鉄橋架橋部まで43mの高さがあり、足場の組み立てだけでも日数がかかったうえ、第一次世界大戦で橋梁の鋼材の輸入ができなくなり、鉄道院払い下げの初代天竜川橋梁の転用品が使われた。モハ2形モハ108とモハ109は1927（昭和2）年に増備されたチキ2形チキ8とチキ9、鋼索線と同じスイス製の機器を用いた木造電車だったが、1950（昭和25）年以降に小田急線乗り入れ対応で複電圧化されるときに鋼製車体に載せ替えを行っている。◎大平台　1965（昭和40）年1月30日

大平台駅は3か所あるスイッチバックのうち唯一乗降ができる駅。箱根湯本駅を出て3.8kmを進む間に241m上ってくる。駅の進入は直線側を用いるので上下の電車が同時進入が可能。出発はポイントを渡らなければならないので上下の電車は順番に出発していく。◎大平台　1965（昭和40）年1月30日

大平台駅から上大平台信号場に向かう区間で、踏切は今のしだれ桜通りの踏切。小田原行き電車が下っていく。箱根登山線の電車は緑色の塗装だったが、小田急線の乗り入れに合わせて小田急特急の青を薄くした、オレンジと青色の塗装に改められる。モハ3形モハ113は小田原電気鉄道チキ3形チキ113。チキ3形は1935（昭和10）年の増備車で、日本製の電装品を用い半鋼製車体とした川崎車輛製。
◎大平台～上大平台（信）
1958（昭和33）年11月19日

大平台温泉郷の中で線路は2回スイッチバックを行って、一気に高度を稼ぎ宮ノ下に向かってさらに上っていく。この
ページの3枚の写真は上大平信号場での電車行き違いの様子。次頁上の写真は強羅方面から上大平台信号場に進入す
る箱根湯本行き電車。上の写真は上大平台信号場で行き違いをして強羅方面へ出発する電車が、ちょうど仙人台信号場
に向けてのタブレットを駅員から受け取るところ。1972（昭和47）年のCTC（列車集中制御装置）導入までこの光景は続
けられた。次頁下の写真は上大平台信号場で行き違いをして箱根湯本方面へ出発する小田原行き電車。これは強羅行
き電車の中から撮られているので、信号場での撮影のあと乗車した電車から撮影。有効長の短い信号場の配線と、前後
の勾配の様子が見て取れる。◎上大平台（信）　1965（昭和40）年1月30日（3点とも）

二ノ平駅は今の彫刻の森駅で、1972（昭和47）年に箱根彫刻の森美術館の開館に合わせて改称された。須沢に架かる鉄橋を小田原行き電車が下ってきた。モハ1形モハ104は小田原電気鉄道が鉄道線開業に合わせて用意したチキ1形チキ4。「チキ」とは珍しい形式だが、地方鉄道の「チ」と客車の「キ」の組み合わせ。スイス製の電装品を輸入予定だったが第一次世界大戦の影響でスイスから輸入ができず、アメリカ合衆国製の電装品に国産の木造車体で登場。小田急線の乗り入れ開始による複電圧対応工事の際、鋼製車体に載せ替えを行っている。運転台床下の箱は水タンクで、急カーブでフランジやレールの摩耗を防ぐために散水しながら走る。屋根上は抵抗器で、発電ブレーキで得た電気を熱にして放出する必要があるため、大容量なものを搭載している。◎二ノ平〜強羅　1957（昭和32）年4月4日

1957（昭和32）年に小田急線にSE車が登場すると、それに合わせたオレンジと窓回りグレーに白帯の塗装に変更されている。当初は正面の塗り分けはカーブした金太郎塗りであったが、1963（昭和38）年のNSE車登場以降はウインドシル部分を白帯にして、金太郎塗りはやめている。場所は強羅駅手前の県道と線路が並行する区間で、強羅花壇の入口付近。
◎二ノ平～強羅　1961（昭和36）年4月8日

箱根湯本駅から445m上った標高541mの強羅駅が鉄道線の終点。小田原電気鉄道は強羅駅付近の早雲山山麓の土地を鉄道線建設が決まったころに取得し、造成して別荘地や旅館用地として販売。中心部に強羅公園を設けるとともに、高低差で200mある開発地の交通手段として1921（大正10）年に上強羅（現・早雲山）駅までの鋼索線（ケーブルカー）を開業した。鉄道線はこの先、仙石原から元箱根、箱根町へ延伸する計画もあったが、戦後ケーブルカー・ロープウェイ・遊覧船の乗

り継ぎで箱根町へ至るゴールデンコースが完成する。強羅駅構内に留置中の電車は開業時に用意したユ1形ユ1。有蓋
車の「ユ」で、沿線の旅館などに食材を届けるために用意されたので「魚菜電車」とも呼ばれる。しかし道路の整備で
食材輸送はトラックに変わってしまったので、強羅駅構内でお昼寝の毎日だったころ。転動防止のためハンドスコッチ
のほか、アンカーボルトに接続したワイヤーで車体と台車が結ばれてしまっている。◎強羅　1959（昭和34）年8月16日

1921（大正10）年に開発した分譲地の交通手段として、下強羅（現・強羅）駅〜上強羅（現・早雲山）駅が開業。ケーブルカーにしては珍しく公園下、公園上、中強羅、早雲館（現・上強羅）の4つの途中駅が設けられている。開業当時はスイス、フォードベルン社製の車両や巻揚機を用いていたが、戦時中の不要不急路線に指定され1944（昭和19）年2月に運行休止、戦後は1950（昭和25）年に運行を再開、写真の2代目車両が用意された。運行再開当初は薄青色と窓回りオレンジ、SE車登場以降はオレンジに窓回りがグレー、間に白帯と、鉄道線と揃いのカラーで塗られている。ケーブルカーの運転再開と同時に自社バス路線を芦ノ湖畔までと芦ノ湖の箱根観光船の運行開始するが、このバス路線の道路は駿豆鉄道の自動車専用道を通った関係で、その後、箱根・芦ノ湖地区で駿豆鉄道改め西武系の伊豆箱根鉄道と、まだ東急の影響力の強かった小田急系の箱根登山鉄道との間で10年以上にわたる箱根山戦争と呼ばれる紛争が続くことになる。箱根登山鉄道は1959（昭和34）年から1960（昭和35）年にかけて、箱根ロープウェイの早雲山〜大涌谷〜湖尻桃源郷間を開業させ、箱根観光船の船舶大型化と戦前からの富士箱根自動車の路線であった箱根町〜小田原駅間のバスとで箱根を周遊する箱根ゴールデンコースを完成させている。箱根山戦争は西武と東急、堤康次郎氏と五島慶太氏との争いとも言われるが、もともと関西系の電力会社だった日本電力からの箱根登山鉄道と富士箱根自動車の売却話は、堤康次郎氏から五島慶太氏へされた話であったのは興味深い。◎公園上〜中強羅　1965（昭和40）年1月30日

◎公園上〜中強羅　1965（昭和40）年 1 月30日

◎上強羅〜早雲山　1956（昭和31）年 7 月22日

小田急電鉄、箱根登山鉄道、相模鉄道の時刻表（昭和37年当時）

新　宿——箱根湯本　電車　（小田急電鉄）　37.10.1 訂補

初　電		終　電		キロ程	賃	駅　名	初　電		終　電		運転間隔
…	…	506	2322	020	052	0.0	円	発新　宿着	432	513	527	615	032	…	040	普　通
…	…	515	2328	030	102	4.9	10	〃下北沢〃	422	503	517	608	022	…	030	新宿——経堂
…	…	522	2332	037	107	8.0	20	〃経　堂〃	416	456	511	604	015	…	023	4—6分毎
…	…	528	2337	043		11.6	30	〃成城学園前〃	…	450	505	600	009	…	017	新宿——相模大野
…	…	534	2343	050		15.2	40	〃登　戸〃	…	444	458	553	003	…	011	15分毎
…	…	536	2345	051		15.8	40	〃向ヶ丘遊園〃	…	443	457	551	002	…	010	新原町田—小田原
418	447	557	007	113		31.0	80	〃新原町田〃	…	435	530	2341	118			30分毎
421	450	600	009	115		32.7	90	〃相模大野〃	…	433	527	2338	115			休日は多少変更
433	502	612	022			42.4	110	〃海老名〃	…	514	2325	102				急行　615〜1005
436	505	615	025			44.3	110	〃厚木〃	…	511	2322	059				15分間隔
439	508	618	027			45.6	120	〃本厚木〃	…	509	2320	057				
447	516	626	035			52.4	130	〃伊勢原〃	…	501	2312	047				
451	520	630	040			56.1	140	〃鶴巻温泉〃	…	456	2307	044				
459	528	638	048			61.9	150	〃大秦野〃	…	449	2300	037				
504	533	643	053			65.8	160	〃渋沢〃	…	444	2255	033				
512	541	651	101			72.1	170	〃新松田〃	…	436	2247	025				
526	555	706	115			82.8	200	着小田原発	…	421	2233	010				

新宿—御殿場　電車

							円	発新　宿着						定員制
	730	845	1330	1430			430	着御殿場発	1223	1408	1940	2008	…	108頁参照
	912	1041	1518	1624					1043	1225	1800	1827	…	

急行

	この間			円	発新　宿着		この間		左表の他　新宿—小田原
635		1805	1835			958		2211	新　宿発1820—2135 約30
757	新宿発湯本行	1929	1958	200	〃小田原〃	836	湯本発新宿行	2050	小田原発551— 806 分毎
811	毎時05.35分発	1942	2013	230	着箱根湯本発	822	毎時21.51分発	2035	

停車駅　下北沢．向ヶ丘遊園．新原町田．相模大野．本厚木．伊勢原．鶴巻温泉．大秦野．渋沢．新松田

特急　（指定制）　料金 150円　11月中運転日

運転日	休日	休日	毎日	A	B	C	休日	B	毎日	毎日	D	毎日	B	休日	E	F	週末準特急 料金 100円
駅　名	2001	2003	2005	2007	2009	2011	2013	2015	2017	2019	2021	2023	2025	2027	2029	2031	指定制　所要1時間35分
新　宿発	800	830	900	930	1030	1130	1200	1230	1300	1400	1500	1600	1630	1700	1730	1830	
小田原着	904	934	1004	1034	1104	1234	1304	1334	1404	1504	1604	1704	1734	1804	1834	1934	
箱根湯本着	919	949	1019	1049	1119	1249	1319	1349	1419	1519	1619	1719	1749	1819	1849	1949	

新宿発（3日を除く）

運転日	休日	休日	B	毎日	毎日	C	毎日	B	休日	毎日	B	毎日	毎日	E	F	
駅　名	2002	2004	2006	2008	2010	2012	2014	2016	2018	2020	2022	2024	2026	2028	2030	…
箱根湯本発	942	1012	1042	1112	1142	1512	1412	1442	1512	1542	1642	1742	1842	1912	2012	
小田原〃	959	1029	1059	1129	1229	1529	1429	1459	1529	1559	1659	1759	1859	1929	2029	
新　宿着	1104	1134	1204	1234	1334	1434	1534	1604	1634	1704	1804	1904	2004	2034	2134	

土曜・休日	2501	1323
	2503	1423
	2505	1523
	2507	955

湯本発

休日	2502	1605
	2504	1705
	2506	1735
	2508	1136

A＝3日を除く毎日　　D＝休前日を除く毎日
B＝休日を除く毎日　　E＝休日・休前日
C＝22日を除く休日・休前日　　F＝休前日

新宿—片瀬江ノ島　電車　（小田急電鉄）　37.8.10 現在

初　電		終　電		キロ程	賃	駅　名	初電	終　電		運転間隔
大秦野	451	2237		0.0	円	発新　宿着	645	2322	大秦野	新宿—江ノ島　急行70分
434	542	2330		31.0	80	〃新原町田発	600	2227		新宿発（平日）805. 835. 905
434	552	2347		36.9	100	〃南林間〃	550	2214	103	（休日）851. 835. 905
439	556	2352		40.1	110	〃大　和〃	545	2209	058	1005—1705 毎時05分発
503	620	015		55.6	120	〃藤沢〃	524	2148	037	普通　新原町田—江ノ島
510	627			60.1	130	着片瀬江ノ島発	514	2138	019	511—2330 15分他30分毎

箱根温泉郷　箱根登山鉄道

小田原——強羅・早雲山　電車　（箱根登山鉄道）　37.9.10 改正

512	537	602	この間	2210	2240	2317	キロ程	円	発小田原着	524	553	618	この間	2209	2233	2304
524	549	613	強羅行	2222	2253	2328	6.1	30	〃箱根湯本発	513	542	606	強羅発	2158	2222	2253
529	553	618	約20分毎	2227	2257		7.1	50	〃塔ノ沢〃	…	538	603	約20分毎	2154	2218	2249
551	615	640	湯本行	2248	2318		12.1	60	〃宮ノ下〃	…	520	543	湯本発	2134	2159	2230
557	621	646	約30分毎	2254	2324		13.4	70	〃小涌谷〃	…	515	538	約30分毎	2129	2154	2225
602	626	651		2259	2329		15.0	75	着強羅発	…		2124	2149	2220

早雲山ケーブル　強羅発 545—2305　早雲山発 545—2305　小田原—箱根間電車に接続運転　1.2キロ　50円

箱根ロープウェイ　37.11.1 訂補　早雲山——大涌谷——姥子——桃源台　（12分 100円）（10分 100円）（11分 100円）　早雲山—桃源台 33分 200円 1分間隔　11月 900—1700　12—2月 930—1600

横浜——海老名　電車　（相模鉄道）　37.9.1 現在

初　電			終　電			キロ程	賃	駅　名	初　電			終　電			
…	516	533	2345	006	038	3.3	円	発横　浜着	506	519	541	2351	021		本厚木乗
…	522	539	この間	2351	012	044	3.3	20	〃星川発	500	512	535	海老名	2344	014	入れ準急
…	546	559	2—10	011	032	17.4	60	〃大　和〃	…	453	515	発15—	2325	2355	朝夕15分
450	549	601	分毎	014	035	19.4	70	〃相模大塚〃	…	450	512	30分毎	2319	2347	042	毎運転
456	557	609		020	042	24.3	80	着海老名発	…		505		2312	2338	035	

122

第3章

相模鉄道

相模鉄道と小田急電鉄の間に直接な関係はないが、両社が大東急の時代から電車の乗り入れを行っていたりその後も本厚木へ相鉄線が乗り入れたり、夏季輸送で電車を借り受けたり、現在も相模鉄道の大株主は小田急電鉄だったりと、少なからず関係がみられる両社。

相模鉄道車両アラカルト

相模鉄道

相模鉄道の会社としての歴史は、今のJR東日本の路線である相模線が茅ヶ崎駅〜寒川駅間を1921（大正10）年に開業し、1931（昭和6）年までに橋本駅までの区間を全通させたことに始まる。

鉄道輸送のほか相模川の砂利採取販売も手掛け

ており、線路の延伸とともに相模川の鉱区を広げていった。そのころの大株主は沿線に工場を持つ昭和産業だったが、1940（昭和15）年に昭和産業社長の伊藤英夫氏が急逝、同社の持株が大量に放出され、これを東京横浜電鉄が取得してその傘下となった。

現在の相模鉄道の路線となる区間は1926（大正15）年に神中鉄道が厚木駅〜二俣川駅を開業したのに始まり、1933（昭和8）年12月にようやく横浜駅までの全線開業にこぎ着けた。しかし業績は大きく好転することもなく、1939（昭和14）年に東京横浜電鉄の傘下に入ることになる。

　東急系の傘下になった両社は1943（昭和18）年に合併、相模鉄道相模線と神中線となる。しかし相模線部分は東海道線と中央本線との迂回線として重要とのことで、1944(昭和19)年に国鉄に買収され国鉄（当時は運輸通信省）相模線となり、元の神中鉄道の区間が相模鉄道線となった。

西横浜駅〜平沼橋駅間の開業は1931（昭和6）年で、国鉄の側線を借り入れることで単線開業している。この区間の複線化は1957（昭和32）年だが、先に開業している下り線側は国鉄線と架線柱を共用している。電車は1955（昭和30）年に登場した5000系で、まだ2両編成が標準だったころ。◎平沼橋〜西横浜　1959（昭和34）年4月24日

2000系

2000系は17〜19m級旧型電車の寄せ集めグループ。モハ2000形とクハ2500形から形成され、鉄道省モハ1形から小田急モハ51形を経て戦後半鋼製車体に載せ替えたグループ。

戦災国電復旧のグループ、東横線キハ改造のグループ、青梅電気鉄道からの買収国電のグループ、京王電軌の焼失車復旧グループ、国鉄からの払い下げグループと多彩であった。

ポジマウントに「Fujisan to right Train on line of pole」とあるので、撮影当時の複線区間だったところから背景に富士山が見える位置は、西谷駅〜鶴ヶ峰駅の現在西谷３号踏切がある付近と特定。この区間は1952（昭和27）年に複線化されている。まだ茅葺屋根の家が残るが急速に宅地化されていった。電車の車番は読めないが特徴からモハ2000形の中で青梅電気鉄道からのモハ2012か、中間車は相模鉄道サハ1100形から改番したサハ2800形サハ2801、３両目は一段下降窓を持つので、青梅電気鉄道モハ106を改番したモハ2014のようだ。青梅電気鉄道から来た電車は全車電動貨車のモワ１形モワ１〜４で竣工し、蒸気機関車の代わりに貨物列車を牽引していたが、ED10形の完成で客車に戻されたもの。電動貨車に改造されたときにクハ1800形と台車を入れ替えてTR25Aを履いたが、客車に戻るときに台車はED10 形へ譲り、国鉄払い下げの買収国電の台車（日車型ブリル）に換えられた。従来はチョコレート色だったが、5000系の登場後にこの塗装に改められた。◎西谷〜鶴ヶ峰　1957（昭和32）年３月26日

相模国分貨物駅（現・相模国分信号場）に進入する横浜行き2000系5両編成の電車。相模国分駅は厚木駅に向かう厚木線と海老名駅に向かう本線との分岐点。当時は社内保線用砂利を扱っていたので貨物駅だった。電車は元・青梅電気鉄道のモハ2011で、連結運転に備え貫通扉を整備した、2両目は両運転台とベンチレーターからモハ2007かモハ2008、3両目以降はアルミサッシ化されているので1959（昭和34）年以降に入った国鉄の払い下げ車で、新製の鋼製車体に載せ替えた形態統一工事を施した車両。昭和30年代末に2000系・3000系電車の色はオレンジ色に塗り替えされている。
◎相模国分（貨）　1964（昭和39）年10月3日

大和駅を出て横浜駅に向かう普通電車。クハ2500形クハ2515は、国鉄のクハ16535からの改造。形態統一工事で車体を載せ替えたので、国鉄の鋼体化電車50系の面影はない。◎大和　1962（昭和37）年1月16日

3000系

3000系は国鉄形20m旧型国電にあたるグループ。小田原線への63形の戦後割当車の移籍グループ6両と、モハ60、サハ48、モハ63の戦災車。事故復旧車のグループが3両。モハがモハ3000形、クハがクハ3500形となる。1945（昭和20）年から1947（昭和22）年にかけて、相模鉄道線は東京急行電鉄に経営委託され東急厚木線となっていて、戦中から戦後の電化や車両限界の拡大、複線化は東急の手で行われており、小田原線の1800形が入線できるように改良したのは現在20m級10両編成の電車が走れる礎となった。

モハ3003は小田急線デハ1808を1951（昭和26）年に改番したものだが、新製してすぐに東急時代の厚木線へ回されたので小田急電鉄の籍はとっていない。しかし、1951（昭和26）年から1956（昭和31）年にかけて小田急江ノ島線夏季輸送による車両不足を補うために小田急線に貸し出されていた。小田急線の1800形は早くに車体を載せ替えたのに対し、相模鉄道の3000系は窓が2段窓になり、台車を新型に交換しているが、原型に近いイメージを残している。線路に架かる橋は並木橋、後ろの鉄橋は相模鉄道の厚木線、左下の線路は小田急線で、この区間が複線化されるのは1974（昭和49）年のこと。
◎相模国分（貨）〜海老名
1964（昭和39）年10月3日

3000系のうち戦災・事故復旧車による3両編成。先頭のモハ3004は国鉄モハ60003で、秋葉原で戦災を受けた車両を1949（昭和24）年に本田工業所で復旧したもの。半流線形張り上げ屋根に前パンタと、国鉄にはない形態となった。復旧当時は国鉄払い下げ車の枠でモハ1300形モハ1304だったが、1951（昭和26）年の改番で20m国鉄形の枠のモハ3000形に入れられモハ3004になった。2両目のモハ3005は国鉄横須賀線用サハ48025の事故車を1953（昭和28）年に浦田車両興

業で修復したもの。両運転台電動車化、3扉ロングシート化されている。3両目のクハ3504は事故焼失した国鉄モハ63056をカテツ交通工業で1952（昭和27）年に台枠を使って新造車体で復旧したもの。場所は移転前の大和駅。当然側線があるのでホーム移転後も大和駅の構内で、貨物列車が待避している。
◎大和　1962（昭和37）年1月16日

3010系

　3000系は台車や主電動機を交換したものの車体は従来のままであったため、1964（昭和39）年から1966（昭和41）年にかけて6000系と同じ車体に載せ替える工事を東急車両で実施して3010系となった。

　書類上は3000系を廃車にして3010系を新造だが、電装品や台車（クハの交換前の国鉄形を含めて）は流用である。また5両編成2本とするためサハ3514が新造された。

クハ3513はクハ3500形が履いていた台車を転用したが、1968（昭和43）年に新造の空気バネ台車に交換している。1986（昭和61）年の更新まで足回りは釣り掛け駆動のままだった。車体は6000系と同じものだが、尾灯が6000系は角形なのに対して3010系は丸形と異なっている。前2両の塗装は横浜西口の駅ビル「相鉄ジョイナス」オープンに合わせ1973（昭和48）年から採用された新塗装。◎上星川　1975（昭和50）年5月7日

相鉄ジョイナスが建つ横浜駅西口は帷子川河口の東京湾を埋め立てた土地だった。1908（明治41）年、ここにスタンダード・オイル・カンパニーが油槽所を建設する。しかし1923（大正12）年の関東大震災で油槽所が被災し、流れ出た油に引火して付近の市街地を灰燼と化した。その後、市民の非難と反対運動が起こり油槽所再建を断念、資材置場などとなり放置されていた。戦後1951（昭和26）年にこの土地が売却されることになり、相模鉄道と横浜市他1社と、競願となったが、1952（昭和27）年に相模鉄道が入手した。この土地をめぐっては小田急電鉄を介して東急グループの敵対的買収が行われたが関係者の努力でこれを阻止した。その後、この土地には1956（昭和31）年に横浜駅名店街、翌年には相鉄文化会館、さらに翌1958（昭和33）年に横浜高島屋がオープンし、横浜市の新たな繁華街となる。昭和40年代に入り繁華街の急成長からさらに高度な土地利用を図るため、相鉄横浜駅改築を含めた再開発計画が持ち上がり、横浜駅名店街と相鉄文化会館を取り壊し、1973（昭和48）年に新相鉄ビル「相鉄ジョイナス」がオープンする。

5000系

　1955（昭和30）年に登場した相模鉄道初の新性能電車。東急5000系に似た正面2枚窓のモノコック軽量車体だが、日本初のボディマウント方式を採用し本来床下に吊り下げられる機器は、最下段の床上に配置される格好になる。また通勤車に4色の塗り分けを採用したのも特徴。

　車体長17mの先行量産車4両と車体長を18mとした量産車を16両が1960（昭和35）年まで製造されている。

モハ5012-モハ5018-モハ5017-モハ5011の編成、先頭車は1959（昭和34）年製で、1960（昭和35）年製の中間車を組み込み4両化されている。奇数車と偶数車でペアを組むMMユニット方式。中間車は運転台部分を客室に変更しただけで形式は同一。5000系は日立製作所と相模鉄道共同で設計され、軽量化のためのボディマウント方式モノコック構造、日立製直角カルダン駆動台車、日立式電磁直通ブレーキなど最新技術が導入された。直角カルダン駆動と日立式電磁直通ブレーキはその後、相模鉄道の標準となる。しかしボディマウント方式はその後製造された6000系に対して保守点検に手間がかかるうえ、軽量モノコック構造は車体の傷みも早く、また急速な輸送量の拡大で中型車体の5000系は使い勝手が悪くなったため、電装品等の再利用できる部品を使って1972（昭和47）年から1975（昭和50）年にかけて5100系に生まれ変わり、5000系は廃車された。◎大塚本町～相模国分（貨）　1964（昭和39）年10月3日

6000系

　5000系の登場以降、増え続ける輸送量に対して新車で対応できない分は国鉄からの払い下げ車を更新した2000系を増備していたが、5000系は新造費が高く、また2000系も払い下げ価格の上昇で費用対効果が悪くなってきた。そこで車体を3000系と同じ20m、両開き4扉車として1両当たりの収容力を増やし、モーター出力を増強して1M1Tを基本として電動車数を減らし、しかし1両単位で運用できるように設計し、最短2両編成から1両単位で編成長を変えられるようにしたのが6000系である。横浜方の先頭車がモハ6000形、中間電動車がモハ6100形、中間付随車がサハ6600形、海老名方の先頭車がクハ6500形で構成される。中間車の構造は5000系と同じく運転台部分を客室とした構造で、また当時としては珍しく戸袋窓を廃し、その部分の客室側壁に身だしなみ用の鏡が取り付けてある。1961（昭和36）年から1970（昭和45）年までに120両が日立製作所で製造されている。

5000系と同じ4色塗り分け塗装で登場し、最初の8編成は貫通扉部分の紺色の部分が車体側と揃っている。その後の編成は赤帯の位置まで紺が回る。ブレーキは応荷重装置付きの空気ブレーキのみで、5000系にあった発電制動は機器の簡素化のため搭載していない。まだ里山の風景が残る海老名方、大和までの複線化が1960（昭和35）年、大塚本町までの複線化が1964（昭和39）年で、この年に小田急線の運転本数が増えて本厚木駅の線路が錯綜（当時本厚木駅折返し列車は上り本線上に引き上げなけらばならなかった）してきたため、小田急線への乗入を中止している。この付近の複線化は1973（昭和48）年のこと。
◎大塚本町〜相模国分（貨）　1964（昭和39）年10月3日

新6000系

　1970（昭和45）年に6000系はモデルチェンジされ、すでに編成が4両以上になったので電動車をMMユニットに戻し、制御器1台で2両の電動車を制御、車体幅を限界一杯の2930mmまで広げ裾を絞った車体にし、運転台は人間工学を取り入れて高運転台に変更された。そのため電動車はモハ6300形になり、奇数車と偶数車でユニットを組む。海老名方の先頭車はクハ6500形のままで、車番も旧6000系の連番になっている。横浜方の先頭車はクハ6700形となり、1974（昭和49）年までに70両が日立製作所で製造された。旧6000系とは併結運転が可能で、新6000系での4両編成のほか、混結で6両や7両編成にも対応していた。1971（昭和46）年から試作冷房車が登場、その後1979（昭和54）年までに全車冷房改造を終える、冷房改造後は電源の関係があり、新6000系での4両編成となるが、旧6000系の最終車両のモハ6144とモハ6145はMMユニットの試作車両だったので、新6000系グループに入れられ4両編成18本となる。

踏切は鶴ヶ峰10号踏切で、現在も二俣川駅の横浜方にある踏切。1943（昭和18）年に横浜方から二俣川駅まで東急の中古機器を使ってDC600Vで電化、東急線からの古い電車や京浜線の木造車を改軌した車、相模鉄道の電気式気動車を電車に改造した車が走っていた。海老名方からは小田急線から給電されるDC1500Vで1944（昭和19）年に電化。海老名駅で小田原線と線路がつながっていたので、小田原線の電車が入線した。1946（昭和21）年に京浜線からの給電で全線がDC1500Vになるまで、二俣川駅は乗り換え駅だった。全線が1500V化されると、今まで600V区間で使われていた車は、国鉄63形の割り当てを受けた大手私鉄は中小私鉄に小型車を供出しなければならなかったので、日立電鉄をはじめ各地へ送られている。それから30年、電車は8両編成まで長くなり、ニュータウン新線のいずみ野線も撮影の翌年開業。駅構内は2面3線で中線が横浜からの各駅停車の折り返し用で、横浜までノンストップの急行と緩急接続を行っている。さらに増え続ける旅客数は、右側の二俣川を暗渠にして駅構内を拡大、駅そのものも巨大な駅ビルに変わっていく。
◎二俣川　1975（昭和50）年5月7日

電気機関車

　相模鉄道の貨物列車は電化後も蒸気機関車により牽引されていたが、1949（昭和24）年に青梅電気鉄道の買収国電を貨物列車用に電動貨車に改造したモワ1形1〜4に置き換えられた。その後、1952（昭和27）年に電気機関車であるED10形ED11を東洋電機製造にて新製、1953（昭和28）年から1954（昭和29）年にED12、ED13を、小野田セメント向け輸送で重連運用が増えた1965（昭和40）年に東洋工機でED14を増備している。製造年次が異なるため細かい造作に違いは見られるが、基本的にデッキを持つ箱形機関車で、台車はクハ1850形からモワ1形に転用していたTR25A台車と、そのときに用意した主電動機が使われている。ED14は製造時期が異なるため同型のものを別途調達した。戦後の相模鉄道の貨物は砂利輸送のほか、米軍と自衛隊へのタンク車による燃料輸送、下段で紹介する小野田セメントのセメント輸送、西横浜駅の横浜コンクリートと古河電線、星川駅の日本硝子が主だったが、燃料輸送とセメント輸送以外は1979（昭和54）年の保土ヶ谷駅の貨物扱い廃止までに終了、セメント輸送は厚木駅構内入換のみになり1986（昭和61）年に終了。最後は厚木駅〜相模大塚駅の燃料輸送が残ったが末期は輸送量が激減、1998（平成10）年で貨物輸送は終了している。

ED12が牽引するローカル貨物。小田急江ノ島線に接続のために大和駅は移転したが、旧駅部分に貨物扱い施設と側線が残り、貨物列車はここで待避を行った。鋼製ワムに木造ワム、その後ろは砂利輸送だろうか無蓋車が4両、しんがりは車掌室を中央に設けた無蓋車トフ。鉄道線を東急に委託している間は、鉄道会社でも砂利採取販売が主な業務だった相模鉄道だったが、相模川で採取した砂利の多くは国鉄線や小田急線で東京に運ばれ、戦後すぐまでは横浜駅西口側への砂利輸送があったものの、その後は線内の数駅着のみとなり、1964（昭和39）年の相模川での砂利採取禁止により砂利輸送は終焉する。
◎大和　1962（昭和37）年1月16日

砂利輸送に代わって登場したのが、厚木駅にセメントサイロを設けて関東圏に進出した小野田セメントのセメント輸送。山口県で生産したセメントを海上輸送で扇町駅へ、ここから専用貨物列車で保土ヶ谷駅に運び、牽引定数の関係で列車を2分割、西横浜駅までの貨物線を通り厚木駅までED10形重連で輸送した。セメント貨車もこの輸送のためにつくられたホキ3100形で、当時は国鉄のワフが乗入れを行っていた。これは1979（昭和54）年の横浜羽沢駅経由の東海道本線の貨物支線開業で、保土ヶ谷駅の貨物扱いが廃止されるまで運転され、その後は国鉄相模線経由に運転経路が変わり、厚木駅での構内入れ換えだけが相模鉄道の担当となった。
◎相模国分（貨）〜厚木　1964（昭和39）年10月3日

小田急電鉄・箱根登山鉄道の切符

  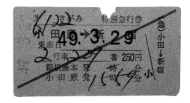

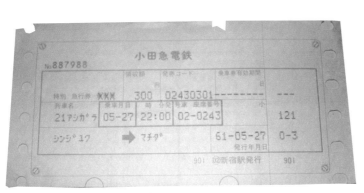 

第4章

他社へ譲渡された
小田急電鉄・
相模鉄道の車両

豊橋鉄道 渥美線

日立電鉄

熊本電気鉄道

新潟交通

岳南鉄道

上田丸子電鉄

小田急電鉄・相模鉄道からの譲渡車両

この2社は小田原急行鉄道が東京横浜急行電鉄小田原線になったのち、相模鉄道神中線も経営委託で東急厚木線となり小田原線の支線のように扱われていた関係で、小田原線から厚木線へ転属になりそのまま相模鉄道籍になった車（小田原急行鉄道モハ1形）があり、またその車が譲渡先で仲間と再会したケース（日立電鉄）があるので、両社からの譲渡車両はまとめて掲載する。

両社とも中小私鉄に手ごろな状態の良い車両だったので、多くの車両が譲渡されたが、両社ともに国鉄63形を導入していたことから車体の大型化（小田急HE車、相鉄6000系）以降は、ロマンスカーの一部を除いて譲渡車両が出ていない。

ここで戦後の年代別に両社から廃車になって他社へ譲渡された車両を整理すると以下の感じとなる。

～1951（昭和26）年ころまで

：【相模鉄道】電化で余剰になった客車と気動車、600V電化時代に目蒲線や京浜線から移籍した車両

～1964（昭和39）年ころまで

：【相模鉄道】モハ1000形、クハ2500形のうち気動車改造グループ

：【小田急電鉄】デハ1100形

～1975（昭和45）年ころまで

：【小田急電鉄】HB車、ABF車（1600形）、気動車

～1981（昭和56）年ころまで

：【相模鉄道】2000系

：【小田急電鉄】1800形、ABF車（1900形、2100形）

1982（昭和57）年以降

：【小田急電鉄】ABFM車、SSE車、HiSE車、RSE車

ヒギンズさんが撮ったのは1950～60年代に譲渡された車両で、この中から次ページ以降で紹介する。なお600V電化時代に移籍し、国鉄63形導入の見返りで供出された車両（目蒲電鉄デハ1形）は最終所属は東急厚木線となるが、歴史的背景から東京急行電鉄にて詳しく紹介する。

目黒蒲田電鉄デハ1形は5両が静岡鉄道に譲渡され、再譲渡されなかった3両は鋼体化のち、末期は3両固定編成となっていた。鋼体化で木造時代の面影はないが、台枠を利用したので11m級の小型車は変わらない。
◎運動場前（現・県総合運動場）～草薙　1967（昭和42）年1月2日

豊橋鉄道 渥美線

豊橋鉄道渥美線には神中鉄道のディーゼルカーが2両譲渡された。

1938（昭和13）年に日本車輌東京支店で製造された神中鉄道キハ40形キハ43で、翌年車番にあった「42」を嫌ってキハ50形キハ53に改番。戦時中はエンジンを降ろしてホハ50形ホハ53、東急厚木線時代に電車の付随車サハ50形サハ53となり、相模鉄道に経営が戻ったのち制御車に改造され、クハ1050形クハ1053、1951（昭和26）年の改番でクハ1500形クハ1503となる。相模鉄道では1956（昭和31）年に廃車になり豊橋鉄道へ譲渡され、渥美線所属のク1500形ク1503となり1968（昭和43）年の改番でク2400形ク2401となる。豊橋鉄道に来たもう1両は嫌われた番号のキハ42が出自、こちらは豊橋鉄道のク2402となった。豊橋鉄道へ来てからは連結面側に貫通路を取り付け、ヘッドライトがシールドビーム化された他は原形を保って1979（昭和54）年ごろまで使われ、休車の後1986（昭和61）年に廃車されている。手前の電気機関車は愛知電気鉄道が製造したデキ360形デキ362で、名鉄渥美線時代に転属し、そのまま豊橋鉄道へ移籍した。
◎三河田原　1961（昭和36）年11月24日

日立電鉄

日立電鉄には相模鉄道・小田急電鉄の両社から多くの電車が譲渡されている。

1935（昭和10）年に汽車会社で製造された日本最初の電気式ディーゼルカー相模鉄道キハ1000形で４両製造。総括運転可能で２両重連やサハ1100形を加えて３両編成で八王子乗り入れにも用いられていた。神中鉄道線がDC600Vで電化されるとエンジンと発電機を取り外し、端子電圧300Vのモーターを直列につないで電車化されて、モハ1000形となる。東急厚木線時代にデハ1050形に改番。1947（昭和22）年には国鉄63形導入の見返り供出車として４両揃って日立電鉄へ譲渡されモハ13型モハ13〜16となる。正面を傾斜させた独特のスタイルだったが、1965（昭和40）年の更新で切妻車体となった。◎鮎川　1956（昭和31）年12月

左の電車が小田原急行鉄道モハ1形モハ7で、1942（昭和17）年大東急時代の改番でデハ1150形デハ1157となった。電化された東急厚木線で使われていたので、1947（昭和22）年の相模鉄道線の東急運行委託解除のときに相模鉄道へ移り、1951（昭和26）年の改番でモハ1000形モハ1003となる。1964（昭和39）年に日立電鉄に譲渡され、形式・車番は変更されずに使われた。日立電鉄には最終的に10両の小田原急行鉄道モハ1形が集まり、小田急→相鉄→日立へ移動が3両、小

田急から直接日立へ移動が4両、小田急から相鉄、さらに荷物電車に改造されたのち日立電鉄に移動した中扉が両開きに改造されたタイプが3両であった。中央の車は元・宇部鉄道モハ21形の買収国電、モハ1300形モハ1302。右側の電車は、車体更新で切妻化された元・相模鉄道のモハ13形モハ15。◎大甕　1979（昭和54）年5月21日

左側の電車がクハ2500形クハ2501。経歴は非常に長く、1936（昭和11）年に川崎車輌で9両製造された東京横浜電鉄のキハ1形キハ4で、東横線で急行で使われたが、1940（昭和15）年に五日市鉄道に譲渡されずに残っていた7両が神中鉄道に譲渡され、キハ1形キハ4となる。戦時中の燃料不足で1942（昭和17）年に客車代用化、相模鉄道に合併されたのち1943（昭和18）年にキハ1形キハ2に改番。運行委託で東急厚木線時代に電車の制御車に改造され、クハ1110形クハ1112に、相模鉄道に戻ったのちの1951（昭和26）年に車体更新され同年クハ2500形クハ2502となり、1960（昭和35）年に日立電鉄へ譲渡されクハ2500形クハ2501となる。1962（昭和37）年に鮎川方を貫通扉付きに改造、1968（昭和43）年に車体更新された。昭和50年代中ごろはモハ1000形と3両編成を組み、エンジとクリームの静岡鉄道色に塗られていた。右の電車はモハ11形モハ12で、1948（昭和23）年の日立製作所製。鮎川延長に備え、営団地下鉄銀座線用の電車を日立電鉄の親会社である日立製作所が振り向けた車。
◎鮎川　1980（昭和55）年9月3日

日立電鉄に東京横浜電鉄キハ1形がもう1両。1940（昭和15）年に神中鉄道に譲渡、キハ1形キハ7となり、戦時中の燃料不足で1942（昭和17）年に代燃化、翌年相模鉄道に合併されたのち客車代用に、運行委託で東急厚木線時代に電車の制御車に改造されクハ1110形クハ1114に、相模鉄道に戻った後の1951（昭和26）年に車体更新され同年クハ2500形クハ2504となり、1961（昭和36）年に日立電鉄へ譲渡されクハ2500形クハ2502となる。1962（昭和37）年に常北太田方を貫通扉付きに改造、1930（昭和5）年加藤車両製の元・加太電気鉄道デニホ51が弘南鉄道経由でやってきたモハ51と編成を組んだ。相模鉄道から日立電鉄に譲渡されたクハ2500形はこの他に、相模鉄道時代に荷物電車化したクニ2500形が1977（昭和52）年に譲渡され、クハ2503・2504になっている。
◎常北太田　1980（昭和55）年9月3日

熊本電気鉄道

熊本電気鉄道には小田原急行鉄道モハ1形が4両譲渡されている。

1927（昭和2）年の小田原急行鉄道開業時につくられたモハ1形モハ10・11・16・17が小田急時代の最終番号でデハ
1100形1105〜1108となり、1960（昭和35）年に熊本電鉄に譲渡されモハ300形モハ301〜304となった。写真のモハ301
は小田急電鉄に里帰りし、昔の車番モハ10に復元されてロマンスカーミュージアムに保存されている。
◎泗水　1961（昭和36）年8月23日

新潟交通

新潟交通へは昭和40年代に8両のHB車、1985（昭和60）年に2220形が2両譲渡されている。

1968（昭和43）年から1970（昭和45）年にかけてHB車が8両譲渡されているが、いずれも車体載せ替えとされ車歴は自社の車のものを引き継いでいる。小田急時代の車番クハ1352、デハ1416、1408、1414、1412、クハ1465、デハ1411、1409の順に、新潟交通クハ36形クハ36、クハ45形クハ45 ～ 50、モハ16 形モハ16となった。写真のクハ48は1933（昭和8）年の新潟電鉄開業時のクハ31形クハ32に、1968（昭和43）年に小田急デハ1412の車体を組み合わせた。写真はないがクハ49は、神中鉄道の気動車キハ30形キハ31の譲渡を受けたクハ33形クハ33の車歴を引き継いでいる。
◎越後大野　1970（昭和45）年5月16日

岳南鉄道

岳南鉄道にはHB車が4両、ABF車の1600形が5両、1900形が2両、電気機関車のデキ1021が譲渡されている。

岳南鉄道モハ1108とクハ2106による元・小田急編成。1970（昭和45）年に譲渡されたこの2両は、元小田急デハ1607のモハ1108は車体も制御器も異なるがモハ1100形のグループに、元小田急クハ1659のクハ2106もクハ2100形に入れられ、HB車を制御車化としたグループの続番になっている。制御器は小田急時代のABFなので他のモハ1100形とは併結できず、この2両編成か次ページのモハ1600形を連結した3両編成で使われた。◎神谷〜須津　1973（昭和48）年5月5日

モハ1601とクハ2601も元・小田急編成。1972（昭和47）年の譲渡で小田急のデハ1604・1606・1608が順にモハ1600形モハ1601・1602、クハ2600形クハ2601となった。当初は2両編成とモハ1108＋クハ2106の編成と組んでの3両編成で使われたが、1976（昭和51）年にデハ1900形2両が譲渡されるとモハ1601とモハ1602はモハ1602（2代）・モハ1603に改番され、先の3両編成のほか1900形と組んだ3両編成となり、クハ2601は他のモハ1100形と連結できるように改造されている。
◎吉原　1973（昭和48）年5月5日

上田丸子電鉄

　上田丸子電鉄には相模鉄道の気動車キハ30形が東武鉄道経由で１両、キハ50形が２両、キハ１形改めクハ2500形が２両、小田急のクハ1650形の車体が２両譲渡されている。

デハ5370形デハ5372は、池田鉄道（信濃鉄道（現・大糸線）安曇追分駅～北池田駅）デハ１形デハ２が出自の16m級の木造電車。のちに信濃鉄道に移り買収国電となり、モハ20形モハ20001を経てモハ1100形モハ1101となり、1955（昭和30）年に上田丸子電鉄が譲渡を受けモハ5260形モハ5263となる。1958（昭和33）年に制御器が交換されモハ5360形モハ5362となり、1960（昭和35）年に小田急のクハ1650形の車体載せ替えに伴う旧車体を整備したものに載せ替え鋼体化、車長も17m級になったのでモハ5370形モハ5372に改番される。モハ5371のほうは信濃鉄道デハ１形デハ５が出自で、国鉄時代にクハ化され上田丸子電鉄譲渡時に再電装された以外はほぼ同じ経歴。◎中塩田　1975（昭和50）年５月６日

東京横浜電鉄のキハ出自の車は2両が上田丸子電鉄へ来た。クハ270形クハ273は1936（昭和11）年製造の東京横浜電鉄のキハ1形キハ1で、1940（昭和15）年に神中鉄道に譲渡され、キハ1形キハ1となる。戦時中の燃料不足で1942（昭和17）年に代燃化、翌年相模鉄道に合併されたのち客車代用に、運行委託で東急厚木線時代に電車の制御車に改造されクハ1110形クハ1115に、相模鉄道に戻ったのちの1951（昭和26）年に車体更新され同年クハ2500形クハ2505となり、1961（昭和36）年に上田丸子電鉄へ譲渡されクハ250形クハ253となる。もう1両のクハ272は東京横浜電鉄キハ3が出自で、1960（昭和35）年に上田丸子電鉄へ譲渡され真田傍陽線で使用されていた。

別所温泉駅付近を走るモハ5251とクハ253の編成。クハ250形クハ253は1940（昭和15）年に日本車輌東京支店で製造された神中鉄道キハ50形キハ54で、戦時中はエンジンを降ろしてホハ50形ホハ54、東急厚木線時代に電車の付随車サハ50形サハ54となり、相模鉄道に経営が戻ったのち制御車に改造され、クハ1050形クハ1052、1951（昭和26）年の改番でクハ1500形クハ1503となる。この時代に乗務員扉新設と正面改造が行われる。1956（昭和31）年に上田丸子電鉄に譲渡され、クハ250形クハ253となる。上田交通に来てから正面2枚窓に改造された。もう1両のクハ252はキハ40形キハ40が出自、こちらは豊橋鉄道へ行った車同様に原形を保っていたが、上田丸子電鉄に来てから正面2枚窓に改造されたものの、乗務員扉は付けられなかった。◎八木沢〜別所温泉　1959（昭和34）年12月26日

J.Wally Higgins（ジェイ・ウォーリー・ヒギンズ）

　1927（昭和2）年、合衆国ニュージャージー州生まれ。父が勤めていたリーハイバレー鉄道（ニューヨークとバッファローを結ぶ運炭鉄道）の沿線に生家があり、母と一緒に汽車を眺めたのが鉄道趣味の始まりだった。

　大学卒業後、アメリカ空軍に入隊。1956（昭和31）年、駐留米軍軍属として来日、1年の任期後約2か月間で全国を旅し、日本の鉄道にはまってしまう。1958（昭和33）年、再来日。それ以降、全国の鉄道を撮りに出かけるようになる。1962（昭和37）年からは帰国する友人の仕事を引き継ぎ、国鉄国際部の仕事を手伝うようになり、現在もJR東日本の国際事業本部顧問を務める。

　氏は、鉄道の決めのポーズや形式写真には後々の保存性を考え大判の白黒フィルムを用いた。しかし、友人たちに伝える日本の風俗や風景（もちろん鉄道も含むが）のようなスナップ的な写真にはコダクロームを用いている。理由は、当時基地内で購入・現像できたので、一番安価だったとのこと。

　今回のシリーズは、それらカラーポジから首都圏の大手私鉄各社を抜き出したものである。

【写真解説】

安藤 功（あんどう いさお）

1963（昭和38）年生まれ。
NPO法人名古屋レール・アーカイブス理事。
国鉄最終日に国鉄線全線完乗。現在は全国の駅探訪を進め、残り数百駅ほど。

NPO法人名古屋レール・アーカイブス（略称NRA）

貴重な鉄道資料の散逸を防ぐとともに、鉄道の意義と歴史を正しく後世に伝えることを目的に、2005（平成17）年に名古屋市で設立。2006（平成18）年にNPO法人認証。所蔵資料の考証を経て報道機関や出版社、研究者などに提供するとともに、展示会の開催や原稿執筆などを積極的に行う。本書に掲載したヒギンズさんの写真は、すべてNRAで所蔵している。会員数41名、賛助会員1社（2022年1月現在）。

【執筆協力】

生田 誠（沿線案内図・地図・絵葉書の解説）

【校正】

加藤佳一

ヒギンズさんが撮った
小田急電鉄、箱根登山鉄道、相模鉄道
コダクロームで撮った1950〜70年代の沿線風景

発行日……………………2022年5月6日　第1刷　※定価はカバーに表示してあります。

著者…………………………（写真）J.Wally Higgins　（解説）安藤 功
発行者………………………春日俊一
発行所………………………株式会社アルファベータブックス
　　　　　　　　　　　〒102-0072　東京都千代田区飯田橋 2-14-5 定谷ビル
　　　　　　　　　　　TEL. 03-3239-1850　FAX.03-3239-1851
　　　　　　　　　　　https://alphabetabooks.com/

編集協力……………………株式会社フォト・パブリッシング
デザイン・DTP ………柏倉栄治
印刷・製本……………………モリモト印刷株式会社